C.H. SPURGEON

"DIE GNADE VERFOLGT IHREN URSPRUNG
BIS ZU GOTT"

PREDIGTEN ÜBER GOTTES ERLÖSENDE GNADE

IMPRESSUM

©Copyright 2000 by 3L Verlag,
D-61169 Friedberg

ISBN 3-934633-05-6

Umschlaggestaltung:	Hans Peter Theilig
Korrektur:	Manfred Schwierk
Satz:	Grafikstudio Kunststoff Kirsten Jerichow
Druck:	Wiener Verlag

VORWORT DES HERAUSGEBERS

Auch die Predigten dieses zweiten Bands der Spurgeon-Bibliothek wurden erstmals im 19. Jahrhundert in deutscher Sprache in einer *autorisierten* deutschen Übersetzung veröffentlicht. Die für eine neue Herausgabe dieser Predigten notwendige Überarbeitung wurde sehr behutsam durchgeführt. Neben einer Anpassung an die heutige Schreibweise und ein Ersetzen altertümlicher Worte wurde sehr wenig geändert. Wo es hilfreich erschien, wurden erklärende Fußnoten beigefügt.

Es kam dem Herausgeber bei der Bearbeitung auf zwei Dinge an: Zum einen sollte erkennbar bleiben, dass es sich nicht um Aufsätze oder Traktate handelt, sondern um Predigten. Der Herausgeber hofft, dass der Leser anfängt, den Fürsten aller Prediger selbst zu hören - seine lebendige, ausdrucksstarke und direkte Art. Zum Zweiten sollte der Inhalt nicht durch bewusste oder willkürliche Kürzungen verfälscht werden. Dem Herausgeber geht es um den *authentischen* Spurgeon. Es wurde dabei bewusst in Kauf genommen, dass einige Abschnitte für unser heutiges Empfinden als etwas blumig erscheinen.

Der Herausgeber

INHALT

DER WEG DES HEILS[1]

"Und ist in keinem anderen Heil, ist auch kein anderer Name unter dem Himmel den Menschen gegeben, darinnen wir sollen selig werden."

s ist ein glücklicher Umstand, wenn die Knechte Gottes die Gabe haben, alles ihrer Wirksamkeit dienstbar zu machen. So war der Apostel Petrus vor die Priester und Sadduzäer, die Obersten seines Volkes, beordert worden, um sich wegen der Heilung eines Menschen zu verantworten, der von Mutterleib an lahm gewesen war. Während nun der Apostel Petrus über diese Heilung, oder, wenn ich so sagen darf, über diese zeitliche Erlösung Rechenschaft ablegte, wurde ihm der Gedanke eingegeben: "Während ich mich über die Heilung dieses Lahmen rechtfertige, habe ich eine prächtige Gelegenheit, diesen Leuten, die sonst nicht mehr auf uns hören würden, den Weg des Heils für ihre Seelen zu verkündigen." So schreitet er vom Geringeren zum Größeren fort, von der leiblichen Erlösung zur geistlichen Erlösung des Menschen; und nachdem er ihnen einmal gezeigt hat, dass allein in dem Namen Jesu Christi dieser kranke Mensch gesund gemacht worden war, verkündet er nun, dass die Erlösung - die große Erlösung - auf gleiche Weise vollbracht werden muss: "Denn es ist in keinem anderen Heil, ist auch kein anderer Name unter dem Himmel den Menschen gegeben, darinnen wir sollen selig werden."

Was für ein großes Wort ist das Wort "Heil"! Es umfasst die Reinigung unseres Gewissens von aller vergangenen Schuld, das Lösen unserer Seele von all jenen Neigungen zum Bösen, die in uns

---

[1] Gehalten am Sonntagmorgen, den 15. August 1858, in der Music Hall, Royal Surrey Garden.

so mächtig vorherrschen; es schließt in der Tat das Ungeschehenmachen von all dem ein, was Adam verschuldet hat. Das Heil ist die gänzliche Erneuerung des Menschen aus seinem gefallenen Zustand; und doch ist es noch mehr als das, denn das Heil Gottes sichert uns einen viel gewisseren Stand zu, als wir vor dem Sündenfall hatten. Es findet uns zerschmettert von der Sünde unserer ersten Eltern, befleckt, geschändet, verflucht; es heilt unsere Wunden, entfernt unsere Krankheit, tut hinweg den Fluch, der auf uns liegt, und stellt unsere Füße auf den Grund Jesus Christus; und wenn er das getan hat, erhebt er unsere Häupter hoch über alle Herrschaften und Gewalten, um auf ewig gekrönt zu werden mit Jesus Christus, dem König des Himmels. Viele, die die Worte "Heil, Erlösung" gebrauchen, verstehen darunter nichts weiter als Befreiung von der Hölle und Eingang in den Himmel. Nun, das ist nicht das Heil: Diese beiden Dinge sind die Wirkungen des Heils. Wir werden von der Hölle errettet, weil wir erlöst sind, und wir gehen ein zum Himmel, weil wir vorher erlöst sind. Unser ewiger Zustand ist die Wirkung des Heils in diesem Leben. Das Heil schließt zwar das alles ein, weil die Erlösung dies alles erzeugt und in sich birgt; aber wir würden sehr unrecht haben, wenn wir meinten, dies sei die ganze Bedeutung des Wortes. Das Heil beginnt bei uns wie bei irrenden Schafen; es folgt uns auf allen unseren Verirrungen; es legt uns die Schultern des guten Hirten auf; es bringt uns zur Herde; es ruft alle Freunde und Nachbarn zusammen; es freut sich über uns; es bewahrt uns lebenslang, damit wir allezeit bei der Herde bleiben; und zuletzt führt es uns auf die grünen Auen des Himmels und leitet uns zu den stillen Wassern der ewigen Wonne, wo wir immerdar ruhen, zu den Füßen des großen Hirten, und wir werden niemals betrübt.

Es sagt aber unser Text, dass es nur einen Weg des Heils gibt: "Und ist in keinem anderen Heil, ist auch kein anderer Name unter dem Himmel den Menschen gegeben, darinnen wir sollen selig werden." Ich will zuallererst auseinandersetzen, dass hier eine Wahrheit gelehrt wird, die etwas bestreitet, die nämlich zeigt, wie außer Christus kein Heil zu finden ist; und zweitens nachweisen, dass darin eine Wahrheit eingeschlossen ist, die etwas zusagt, nämlich, wie in Jesus Christus das Heil ist, durch das wir selig werden sollen.

Zuerst also *eine Bestreitung*. "Und ist in keinem anderen Heil." Habt ihr je die Unduldsamkeit der göttlichen Religion bemerkt? Vor alters achteten die Heiden, die vielerlei Götter verehrten, die Götter ihrer Nachbarvölker. Der König von Ägypten zum Beispiel bezeugte, dass die Götter Ninives wahre und wirkliche Götter seien; aber Jehova, der Gott Israels, stellt als eines seiner ersten Gebote auf: "Du sollst keine anderen Götter neben mir haben!"; und er wollte nicht dulden, dass man den Götzen anderer Völker die geringste Achtung zolle: "Ihre Altäre sollt ihr umstürzen und ihre Götzen zerbrechen und ihre Haine ausrotten." Alle anderen Völker waren untereinander duldsam, aber die Juden durften es nicht sein. Es war ein Teil ihrer Religion, wenn es hieß: "Höre, Israel, der Herr, dein Gott, ist ein einiger Gott." Und weil sie glaubten, dass es nur einen Gott gebe, und dass dieser eine Gott Jehova sei, so fühlten sie sich verpflichtet, alle Götzen zu verspotten, anzuspeien und mit Schimpf und Schande zu überschütten.

Und ihr seht nun, dass die christliche Religion ebenso unduldsam ist. Wenn man einen Brahmanen[2] auffordert, den Weg des Heils kennen zu lernen, so wird er sehr wahrscheinlich sofort erwidern, dass alle, die ihren ernstgemeinten religiösen Überzeugungen treu bleiben, ohne Zweifel selig werden. "Da sind die Muslime", sagt er, "wenn sie Mohammeds Lehre befolgen und ernsthaft glauben, was er ihnen verkündigt hat, so wird Allah sie zuletzt ins Paradies aufnehmen." Und der Brahmane wendet sich gegen den Christenmissionar und sagt: "Was nützt es, dass ihr euer Christentum zu uns herüberbringt, um uns zu beunruhigen? Ich sage euch, unsere Religion ist vollkommen hinreichend, um uns in den Himmel zu bringen, wenn wir gläubig daran festhalten!" Nun hört das Wort Gottes! Wie unduldsam ist die christliche Religion: "Es ist in keinem anderen Heil!" Der Brahmane kann zugeben, dass man in fünfzig anderen Religionen neben der seinigen selig werden könne; wir aber geben

---

[2] Die Brahmanen (Priester) sind nach hinduistischer Kastenvorstellung aus dem Mund des Gottes Brahams hervorgegangen, die Kshatriya (Krieger) aus den Armen, die Vaishya (Bauern) aus den Schenkeln und die Shudra (Dienende) aus den Füßen.

nichts der Art zu. Es gibt außer Jesus Christus kein wahres Heil. Die Götter der Heiden mögen uns mit ihrer falschen Liebe nahen und uns vorgeben, jeder Mensch könne nach seiner eigenen Überzeugung glauben und nach seiner eigenen Fasson selig werden. Wir antworten: Nichts der Art; es ist in keinem anderen Heil, denn "es ist kein anderer Name unter dem Himmel den Menschen gegeben, darinnen wir sollen selig werden."

Was glaubt ihr nun, dass der Grund dieser Unduldsamkeit sei - wenn ich noch einmal dieses Wort gebrauchen darf? Ich glaube, es ist das, dass sowohl bei den Juden als auch bei den Christen die Wahrheit ist. Tausend Irrtümer können friedlich nebeneinander leben, aber Wahrheit ist ein Hammer, der sie alle zerschmettert. Hundert Lügenreligionen können friedlich in einem Bett schlafen, aber wo die christliche Religion als die Wahrheit hinzukommt, ist sie gleich einem Feuerbrand und verschont nichts, was nicht besser ist als Holz, Heu und Stoppeln des fleischlichen Irrtums. Alle Herrlichkeit der Heiden und alle anderen Religionen sind aus der Hölle geboren, und weil sie eines Vaters Kinder sind, so wäre es verkehrt, wenn sie gegeneinander ausziehen, einander vertreiben und miteinander kämpfen wollten; aber die Religion Jesu Christi ist aus Gott - ihr Stammbaum ist von oben, und wenn sie daher einmal mitten unter ein ungöttliches und feindseliges Geschlecht gestellt wird, so hat sie weder Frieden noch Vertrag noch Gemeinschaft mit ihnen, denn sie ist Wahrheit und verträgt sich nicht mit dem Irrtum; sie besteht auf ihren Rechten und gibt dem Irrtum, was ihm gehört; sie erklärt, dass der Irrtum kein Heil aufweisen kann, sondern dass in der Wahrheit und nur in der Wahrheit allein das Heil zu finden ist.

Ferner sagen wir: Weil Gott seine Bestätigung dazu gibt. Es würde einem Menschen, der ein eigenes Glaubensbekenntnis aufstellen wollte, nicht wohl anstehen, zu behaupten, dass alle, die es nicht glauben, verdammt werden sollen; es wäre eine übermütige Strenge und falsche Heiligkeit, über die wir lächeln dürften; weil aber diese Religion Christi vom Himmel herab geoffenbart ist, so hat Gott, der Urheber aller Wahrheit, ein Recht, dieser Wahrheit die furchtbare Drohung beizufügen, dass, wer sie verwirft, ohne Gnade umkommen soll; und zu verkündigen, dass ohne Christus kein Mensch selig werden kann. Wir sind in Wahrheit nicht selber unduldsam, denn unsere Rede ist nur ein Widerhall des Wortes dessen, der vom Himmel her redet und verkündigt. Verflucht ist der Mensch, der die Religion Jesu Christi verwirft, während er sieht, dass außer ihm keine Rettung ist. "Es ist in keinem anderen Heil, und ist kein anderer Name unter dem Himmel den Menschen gegeben, darinnen wir sollen selig werden."

Nun höre ich etliche sagen: "Meinst du denn, dass niemand ohne Christus selig wird?" Ich erwidere: Ich meine es nicht, sondern hier ist das Schriftwort, welches so klar lehrt. "Nun ja", spricht einer, "wie steht es denn mit dem Abscheiden der Kinder? Sterben die Kinder denn nicht frei von Tatsünden? Werden sie selig? Und wenn, dann wie?" Ich antworte: Sie werden ohne Zweifel selig; alle Kinder, die im zarten Alter sterben, werden hinweggenommen, um im dritten Himmel der ewigen Wonne ewig zu leben. Aber habt wohl Acht - nie ist ein Kind anders selig geworden als durch den Tod Jesu Christi. Der Herr Jesus Christus hat mit seinem Blut alle die erkauft, die im Kindesalter sterben; sie werden alle wiedergeboren, nicht durch die Besprengung zur Buße, sondern es geht, wahrscheinlich im Augenblick des Todes, eine wunderbare Veränderung mit ihnen vor durch den Hauch des Heiligen Geistes, sie werden besprengt mit dem Blut des Herrn Jesu und werden gewaschen von allem ursprünglichen Verderben, das sie ererbt haben von ihren Eltern; und so abgewaschen und gereinigt gehen sie ein zum Himmelreich. Denn sonst, Geliebte, könnten die Kinder nicht in den ewigen Lobgesang mit einstimmen: "Ihm, der uns geliebt und uns gewaschen hat von unseren Sünden in seinem Blut." Wenn die Kinder nicht gewaschen würden im Blut Jesu Christi, so könnten sie nicht in jenes große Loblied mit einstimmen, das ohne Aufhören den Thron Gottes umwogt. Wir glauben, dass sie alle selig werden - alle ohne Ausnahme - aber nicht ohne das eine große Sühneopfer des Herrn Jesu Christi. Ein anderer sagt: "Wie steht es aber mit den Heiden? Sie kennen Christus nicht; werden etliche aus den Heiden selig? Siehe, die heilige Schrift sagt wenig von der Errettung der Heiden. Es gibt viele Worte in der Schrift, aus welchen wir schließen könnten, dass alle Heiden verloren gehen; aber es gibt manch anderes Wort darin, das uns auf der anderen Seite wieder veranlasst zu glauben, dass etliche aus den Heiden unter der verborgenen Leitung des Geistes Gottes im Dunkel nach ihm forschen und danach trachten, etwas aufzufinden, was sie in der Natur nicht zu finden vermögen; und es kann sein, dass es dem Gott der unendlichen Barmherzigkeit, der seine Geschöpfe lieb hat, gefällt, ihnen solche Offenbarungen ins Herz zu geben - dunkle und geheimnisvolle Offenbarungen über himmlische Dinge -, so dass auch schon sie des Blutes Jesu Christi teilhaftig werden, ohne eine so offenbare Anschauung zu besitzen, wie wir sie empfingen; ohne das Kreuz sichtbar erhöht zu sehen; ohne Christus, den Gekreuzigten, vor Augen zu haben. Man hat in vielen heidnischen Ländern die Beobachtung gemacht, dass, bevor die Missionare dorthin gekommen waren, sich dort eine tiefe Sehnsucht nach der Religion Christi vorfand.

Auf den Sandwich-Inseln war vor der Ankunft unserer Missionare eine merkwürdige Bewegung unter den Gemütern jener armen Wilden; sie wussten nicht, was es war, aber sie waren alle auf einmal unbefriedigt von ihrem Götzendienst und hatten ein sehnlichstes Verlangen nach etwas Höherem, Besserem und Reinerem als was sie bisher besessen und gefunden hatten; und kaum wurde ihnen Jesus Christus verkündigt, so verließen sie gerne ihre Abgötterei und vertrauten auf ihn, damit er ihre Macht und ihre Erlösung sei. Wir glauben aber, dass es das Werk des Geistes Gottes war, der im Verborgenen diese armen Geschöpfe geneigt machte, ihm nachzuforschen; und wir können wohl annehmen, dass in einigen abgeschlossenen Gegenden, wo wir nie geglaubt hätten, etwas von einer Verkündigung des Evangeliums zu vernehmen, vielleicht ein einziges christliches Schriftchen, ein Kapitel aus der Bibel, ein einzelner auswendig gelernter Vers der Heiligen Schrift hinreichen mag, die blinden Augen zu öffnen und arme, umnachtete Herzen zum Fuß des Kreuzes Christi zu leiten. Aber auch dann bleibt es wahr: Kein Heide, wie sittlich rein er auch sein möchte, konnte oder durfte je - ob in den Tagen ihrer alten Weltweisheit oder in den gegenwärtigen Zeiten ihrer Unwissenheit - ins Himmelreich eingehen ohne durch den Namen Jesu Christi. "Es ist in keinem anderen Heil." Wenn ein

Mensch auf seine eigene Weise danach forschen und darauf hinarbeiten will, so findet er es unmöglich, denn "es ist kein anderer Name unter dem Himmel den Menschen gegeben, darinnen wir sollen selig werden."

Aber, teure Freunde, wir tun sehr viel besser, wenn wir bei der Betrachtung dieser Gegenstände nicht über verborgenen Dingen grübeln, sondern bei unserer eigenen Person Einkehr halten. Und nun lege ich euch die Frage vor: Habt ihr je an euch selbst die Wahrheit dieser bestreitenden Tatsache erfahren, dass in keinem anderen Heil ist? Ich rede, was ich weiß, und bezeuge, was ich gesehen habe, wenn ich in euer aller Gegenwart feierlich erkläre, dass es sich so verhält. Es gab einmal eine Zeit, wo ich meinte, das Heil findet man in guten Werken, und ich mühte mich schwer ab und strebte fleißig danach, mich in Rechtschaffenheit und Aufrichtigkeit zu bewahren; aber als der Geist Gottes in meinem Herzen Wohnung machte, "da auferstand die Sünde, und ich starb"; was ich als etwas Gutes angesehen hatte, erwies sich als Böses; worin ich heilig zu sein glaubte, erwies sich als unheilig. Ich entdeckte, dass meine besten Handlungen voller Sünde waren, so dass ich über meine eigenen Tränen weinen und selbst für meine Gebete die göttliche Vergebung anflehen musste. Ich entdeckte, dass ich das Heil in den Werken des Gesetzes suchte, dass alle meine guten Werke aus selbstsüchtigen Beweggründen hervorgingen, nämlich mich selber selig zu machen; und darum waren sie Gott nicht angenehm. Ich erkannte, dass ich aus zwei Gründen nicht durch gute Werke selig werden konnte: erstens, weil ich es zu keinen gebracht hatte; und zweitens, weil, wenn ich auch welche aufzuweisen gehabt hätte, sie mich nicht selig machen könnten. Später meinte ich, man müsste teils durch Besserung, teils durch Vertrauen auf Christus sicher die Seligkeit erlangen; abermals mühte ich mich schwer ab, und meinte, wenn ich hier und da einige Gebete, einige Tränen der Reue und einige Gelübde der Besserung hinzubrächte, so wäre alles gut. Aber als ich mich viele heiße Tage hindurch abgearbeitet hatte wie ein armes blindes Pferd, das im endlosen Kreis den Mühlstein antreibt, da fand ich, dass ich nicht weitergekommen sei, denn noch immer hing der Fluch Gottes über mir: "Verflucht sei jedermann, der nicht bleibt in alldem, was geschrieben steht in dem Buch des Gesetzes, dass er es tue!" Und immer noch blieb eine peinliche Leere in meinem Herzen, die die ganze Welt nie auszufüllen vermochte - eine Leere der Traurigkeit und nagenden Kummers, denn ich war von Herzen betrübt, dass ich nicht zur Ruhe eingehen konnte, nach der meine Seele verlangte. Habt ihr auf diesen beiden Wegen schon versucht, in den Himmel zu kommen? Wenn ihr es versucht habt, so glaube ich fest, dass Gott der Heilige Geist sie euch recht zum Überdruss hat werden lassen, denn ihr könnt niemals durch die rechte Tür ins Himmelreich eingehen, bis ihr vor allem zu dem Bekenntnis kommt, dass alle anderen Türen für euch verrammelt sind. Noch nie ist ein Mensch je auf dem engen und schmalen Pfad zu Gott gekommen, bis er alle anderen Wege versucht hatte; und wenn wir so recht zerschlagen und gedemütigt und vernichtet sind, dann begeben wir uns, von der Notwendigkeit dazu gedrungen, zu dem einen offenen Born und waschen uns in ihm und werden gereinigt.

Vielleicht sind heute einige hier, die das Heil in der Befolgung der gottesdienstlichen Vorschriften zu erlangen suchen. Ihr seid in eurer Kindheit getauft worden; ihr habt regelmäßig das heilige Abendmahl genossen; ihr besucht fleißig die Kirche; und wenn ihr irgend noch andere gottesdienstliche Einrichtungen kennen würdet, so würdet ihr sie alle befolgen. Ach, meine teuren Freunde, alle diese Dinge sind für euer Heil wie Spreu vor dem Wind; sie helfen euch auch nicht eine einzige Stufe hinauf zur Annahme in der Person Jesu Christi. Ihr könntet euch ebenso gut abmühen, euch aus Wasser ein Haus zu bauen mit solchen armseligen Dingen. Die sind erst dann gut für euch, wenn ihr errettet seid; aber wenn ihr in ihnen das Heil sucht, so sind sie für eure Seelen wie Brunnen ohne Wasser, wie Wolken ohne Regen, wie dürre Bäume, zweifach tot, ausgerissen mit den Wurzeln. Welches auch euer Heilsweg sei - denn die Menschen suchen durch tausenderlei Erfindungen selig zu werden -, welches er auch sei, hört ihr nicht sein Grabgeläut, das aus diesem Vers zu euch herüberschallt: "Und ist in keinem anderen Heil, ist auch kein anderer Name unter dem Himmel den Menschen gegeben, darinnen wir sollen selig werden."

Hier nun komme ich auf *die Zusage,* die unser Text einschließt, nämlich, dass das Heil in Jesus Christus ist. Wahrlich, wenn ich diese einfache Zusage ausspreche, so möchte ich laut aufjubeln und mit dem Lobgesang der Engel frohlocken: "Ehre sei Gott in der Höhe, und Frieden auf Erden, und an den Menschen ein Wohlgefallen." Es sind tausend Gnadengeschenke, wie in einem Bündchen zusammengebunden, in der süßen, süßen Gewissheit, dass das Heil in Jesus Christus ist. Ich will mich nun allein bestreben, mit irgendeiner hier anwesenden Seele zu reden, die noch über ihre eigene Erlösung in Jesus Christus einen Zweifel hegt; ich will besonders mit ihr reden und mich liebevoll und ernsthaft an sie wenden und ihr zu zeigen versuchen, dass sie doch selig werden kann und dass ihr in Jesus Christus das Heil bereitet ist.

Ich kenne dich, armer Sünder! Du hast lange versucht, die Straße, die gen Himmel führt, zu finden, und du hast sie verfehlt. Bisher haben dich tausend blendende Irrtümer betrogen, und noch nie hast du einen festen Grund des Trostes gefunden für deinen müden, wankenden Fuß; und nun darfst du, von deinen Sünden umringt, nicht einmal aufschauen. Sünde liegt wie eine schwere Bürde auf deinem Nacken, und du legst deinen Finger auf deinen Mund, denn du magst nicht einmal um Barmherzigkeit flehen; du fürchtest dich sogar vor deiner Stimme, denn deine eigenen Lippen könnten dich verdammen. Der Satan flüstert dir ins Ohr: "Es ist alles vorbei mit dir; es gibt keine Gnade mehr für deinesgleichen; du bist verdammt, und verdammt wirst du bleiben; Christus vermag viele zu retten, dich zu retten aber vermag er nicht." Arme Seele! Was soll ich dir anderes sagen als: Komm mit mir zum Kreuz Christi; dort sollst du etwas sehen, was deinen Unglauben zunichte machen kann. Siehst du den Mann, der an jenes Holz geheftet ist? Kennst du sein Gemüt und seine Würde? Er ist ohne Flecken oder Tadel oder so etwas; er war nicht ein Dieb, dass er den Tod des Übeltäters sterben sollte; er war kein Mörder und kein Aufrührer, dass er zwischen zwei Bösewichten gekreuzigt werden sollte. Nein, seine Herkunft war rein, ohne Sünde; und sein Leben war heilig, ohne Makel. Aus seinem Mund gingen nur

Worte des Segens; seine Hände waren voller guter Werke und seine Füße waren behende zu Taten der Barmherzigkeit; sein Herz war schneeweiße Heiligkeit. Da war nichts in ihm, was Menschen tadeln könnten; und selbst wenn seine Hasser ihn zu verklagen versuchten, so fanden sie wohl falsche Zeugen, aber "ihr Zeugnis stimmte nicht überein". Siehst du ihn sterben? O Sünder, es muss ein zurechnendes Verdienst in dem Tod eines solchen Menschen liegen wie dieses Menschen; denn, selbst sündlos, konnte er nur für anderer Menschen Sünden Schmerzen erdulden. Gott würde ihn nicht betrüben und quälen, wenn keine Ursache des Todes an ihm wäre. Gott ist ja kein Tyrann, der ungerecht den Schuldlosen erwürgt; er ist nicht unheilig, dass er den Gerechten strafen sollte. Darum litt dieser für die Sünden der anderen.

> *"Der Fromme stirbt, der recht und richtig wandelt;*
> *Der Böse lebt, der wider Gott misshandelt.*
> *Die Schuld bezahlt der Herr und der Gerechte*
> *Für seine Knechte."*

Denk an die Unschuld Christi und sieh dann, ob kein Heil in ihm zu finden ist. Komm nun, schwarz wie du bist, und schau seine leuchtende Klarheit an; komm mit deiner Befleckung und betrachte ihn in seiner Reinheit; und wenn du siehst, wie er - gleich der Lilie - rein ist, und wenn du siehst, wie der Purpur seines Blutes das Weiß überströmt, so lass dein Ohr der Stimme lauschen, die dir zuflüstert: Er ist es, der dich erlösen kann, Sünder, weil er, obwohl er "versucht allenthalben gleichwie wir", doch "ohne Sünde" ist; darum muss das Verdienst seines Blutes groß sein. Gott helfe dir, dass du an ihn glaubst!

Das ist aber nicht das Große, was ihn dir anpreisen sollte. Denke, er, der am Kreuz starb, war nichts Geringeres als der ewige Sohn Gottes. Siehst du ihn dort? Komm, wende deine Augen noch einmal zu ihm. Siehst du, wie seine Hände und Füße mit Strömen geronnenen Blutes triefen? Dieser Mann ist Gott, der Allmächtige. Diese Hände, die ans Holz geheftet sind, sind Hände, die die Welt erschüttern könnten; diese durchbohrten Füße haben eine Macht und

Kraft in sich, dass, wenn er nur wollte, die Berge unter seinem Fußtritt zerschmölzen; dieses Haupt, nun gebeugt von Angst und Mattigkeit, birgt in sich die Weisheit Gottes, und mit seinem Nicken könnte es das Weltall zertrümmern. Der am Kreuz dort hängt, ist der, durch den alles gemacht ist, was gemacht ist; in ihm haben alle Dinge das Wesen und sind geschaffen. Urheber, Schöpfer, Erhalter, Gott der Vorsehung und Gott der Gnade, der für dich starb, ist Gott über alles, gelobt in Ewigkeit. Und nun, o Sünder, ist Macht, selig zu machen, in solch einem Heiland? Wenn er nichts als ein Mensch wäre, ein sozianischer[3] Christus oder ein arianischer[4] Christus, so wollte ich dich nicht ermahnen, auf ihn zu vertrauen; weil er aber nichts anderes ist als Gott selbst, geboren ins Fleisch, so beschwöre ich dich, klammere dich an ihn. Er will immer, und er kann es; zweifle nicht mehr. "Er kann selig machen aufs Völligste, die durch ihn zu Gott kommen."

Erinnert euch ferner, dass Gott der Vater das Opfer Jesu Christi angenommen hat, und das sei euch ein weiterer Trost für euren Glauben, dass ihr auf ihn vertrauen mögt. Es ist der Zorn des Vaters, vor dem ihr zu erschrecken Ursache habt. Der Vater ist über euch erzürnt, weil ihr gesündigt habt, und er hat geschworen, dass er euch strafen will für eure Übertretungen. Nun wurde der Herr Jesus wegen uns und anstelle jeden Sünders gestraft, der je Buße getan hat oder je Buße tun wird. Jesus Christus stand da als sein Stellvertreter und Bürge. Gott der Vater hat Christus angenommen anstelle der Sünder. Sollte dich dies nicht dazu bewegen, ihn anzunehmen? Wenn der Richter das Opfer angenommen hat, so darfst du es gewiss und sicher auch annehmen; und wenn er mit der Genugtuung zufrieden ist, so kannst du wahrlich auch zufrieden sein. Wenn der Gläubiger eine volle und freie Quittung gegeben hat, so darfst du, der Schuldner, dich freuen

---

[3] Eine nach dem italienischen Humanisten Lelio Sozzini (1525-1562) benannte protestantische Minderheit. Sozinianer lehren, dass Christus nur ein Mensch war und der heilige Geist nur eine unpersönliche Kraft.

[4] Der Arianismus geht auf Arius, Presbyter in Alexandrien, zurück (gestorben 336). Er lehnte die "Wesenseinheit" (Homousia) innerhalb der Trinität ab und lehrte, dass der Sohn einen Anfang habe, das erste Geschöpf Gottes sei und wandelbar bzw. veränderlich sei. Diese Lehre wurde vom 1. Ökumenischen Konzil (325) verdammt.

und glauben, dass die Quittung für dich Gültigkeit hat, weil Gott sie als gültig anerkennt. Fragst du mich aber, woher ich wisse, dass Gott das Sühneopfer Christi angenommen habe, so sage ich dir, dass Christus wieder vom Tod erstanden ist. Christus wurde, nachdem er starb, in das Gefängnis des Grabes gelegt, und dort wartete er, bis Gott sein Sühneopfer angenommen hatte.

> *"Und sieh, er hat es angenommen,*
> *Denn Jesus ist dem Tod entronnen."*

Christus würde noch bis auf den heutigen Tag im Grab liegen, wenn Gott nicht sein Sühneopfer zu unserer Rechtfertigung angenommen hätte. Aber der Herr sah vom Himmel hernieder und überwachte das Werk Christi und sprach bei sich selbst: "Es ist sehr gut, es ist genug." Und zu einem Engel gewendet, sagte er: "Mein Sohn ist ins Gefängnis gelegt als Geisel für meine Auserwählten; er hat den Loskaufpreis bezahlt; ich weiß, er wird nicht aus eigener Macht das Gefängnis zerbrechen; geh und wälze den Stein hinweg von des Grabes Tür und gib ihm die Freiheit." Der Engel flog hernieder und wälzte den schweren Stein hinweg; und aus dem Schatten des Todes auferstand der Heiland und lebte. "Er ist um unserer Sünden willen dahingegeben und um unserer Gerechtigkeit willen auferweckt." Nun siehst du, arme Seele, dass Gott Christus angenommen hat. Du magst ihn wahrlich annehmen und an ihn glauben!

Ein anderer Grund, der vielleicht noch näher an dein Herz herantritt, ist folgender: Viele sind selig geworden, die doch so schlecht waren wie du, und darum ist hier auch Heil für dich. "Nein", sagst du, "keiner ist so schlecht wie ich!" Es ist Gnade, dass du so denkst, aber dennoch ist es ganz wahr, dass andere selig geworden sind, die ebenso befleckt waren wie du. Bist du ein Verfolger gewesen? "Ja", sagst du. Ja, aber du bist nicht blutdürstiger gewesen als Saulus. Und dennoch ist dieser vornehmste unter den Sündern der vornehmste unter den Heiligen geworden. Bist du ein Fluchender gewesen? Hast du den Allmächtigen ins Angesicht verflucht? Ja. Und solche waren etliche von uns, die wir jetzt unsere Stimme im Gebet erheben und dem Gnadenthron nahen im Wohlgefallen Gottes an uns.

Bist du ein Säufer gewesen? Ja. Und solche sind viele aus Gottes Volk gewesen, viele Tage und viele Jahre lang; aber sie haben ihre Befleckung verlassen und haben sich zum Herrn bekehrt von ganzem Herzen. Wie groß auch deine Sünde sein mag, ich sage dir, Mensch, es sind etliche selig geworden, die so tief in Sünden versunken waren wie du. Und wenn auch keine selig geworden sind, die ebenso große Sünder waren wie du, so hat Gott um so mehr Grund, dich zu erretten, auf dass er alles übertreffe, das er je getan hat. Der Herr tut jederzeit gerne Wunder; und wenn du dastehst als der vornehmste der Sünder vor allen übrigen, so glaube ich, dass er dich mit Freuden erretten wird, damit die Wunder seiner Liebe und Gnade um so herrlicher offenbar werden. Sagst du noch, dass du der vornehmste unter den Sündern seiest? Ich sage dir, ich glaube es nicht. Der vornehmste unter den Sündern wurde vor Jahren schon selig; das war der Apostel Paulus; und wenn du ihn auch überbötest, so geht das Wörtlein "aufs Völligste" auch über dich hinaus. "Er kann selig machen aufs Völligste, die durch ihn zu Gott kommen." Bedenke, Sünder, wenn du nicht Heil findest in Christus, so ist es deshalb, weil du es nicht suchst, denn sicher ist es vorhanden. Wenn du verloren gehst, ohne durch das Blut Jesu Christi errettet zu werden, so geschieht es nicht aus Mangel an Macht in diesem Blut, dich zu retten, sondern einzig aus Mangel an Willen von deiner Seite, eben weil du nicht an ihn glauben willst, sondern übermütig und eigensinnig sein Blut zu deinem eigenen Verderben verwirfst. Nimm dich in Acht, denn so gewiss in keinem anderen Heil ist, so gewiss ist das Heil in ihm.

Ich könnte mich dir gegenüberstellen und sagen, dass für dich Heil sein muss in Christus, weil ich in Christus Heil für mich selbst gefunden habe. Ich habe oft gesagt, ich will nie mehr an der Seligkeit irgend eines anderen zweifeln, so lange ich nur weiß, dass Christus mich angenommen hat. O wie dunkel war die Nacht meiner Verzweiflung, als ich zuerst den Thron der Gnade suchte! Ich dachte damals, wenn Gott mit der ganzen Welt Erbarmen hätte, so könnte er doch niemals mit mir Erbarmen haben. Die Sünden meiner Kindheit und meiner Jugend drückten mich schwer. Ich meinte, ich könnte sie nach und nach aufgeben, aber ich war wie mit ehernen Netzen böser Gewohnheiten umstrickt und konnte sie nicht überwinden; und wenn ich auch meine Sünde hätte aufgeben können, so hätte die Schuld doch noch an meinem Gewand geklebt; ich konnte mich nicht selbst rein waschen. Ich betete drei lange Jahre hindurch, ich beugte vergebens meine Knie und suchte Gnade, aber fand sie nicht. Aber am Ende - sein Name sei gelobt! -, da ich schon alle Hoffnung aufgegeben hatte und glaubte, dass sein Zorn mich eilends verderben müsste und dass der Abgrund seinen Schlund öffnen und mich verschlingen werde, da, in der Stunde meiner äußersten Not, offenbarte er sich mir und lehrte mich, mich einzig und ganz an ihn zu klammern. So wird es dir ergehen, vertraue ihm nur, denn in ihm ist Heil - darauf verlass dich!

Um aber deinen Eifer anzuspornen, will ich mit der Bemerkung schließen: Wenn du nicht in Christus Jesus Heil findest, so bedenke wohl, dass du es sonst nirgends finden kannst. Wie schrecklich müsste es für dich sein, wenn du die Seligkeit verlieren solltest, die Christus dir erworben hat! Denn wie wollen wir entfliehen, wenn wir eine solche Seligkeit nicht achten? Heute spreche ich wahrscheinlich nicht zu vielen der ärgsten Sünder, aber doch weiß ich, dass ich gerade einige von dieser Art vor mir habe. Aber ob wir arge Sünder sind oder nicht, wie fürchterlich wäre es, wenn wir sterben sollten, ohne vorher teilzuhaben am Heiland! Sünder, das sollte dich anspornen, vor den Gnadenthron zu treten: der Gedanke, dass, wenn du nicht Gnade findest zu den Füßen Jesu, du nirgends sonst Gnade finden kannst! Wenn die Tore des Himmels sich dir nie öffnen, so bedenke, dass es keine andere Tür mehr gibt, die sich für deine Seligkeit je öffnen kann. Wenn Christus dich verwirft, so bist du verworfen; wenn du nicht mit seinem Blut besprengt wirst, so bist du wahrlich verloren. Wenn er dich eine kurze Zeit warten lässt, so fahre fort im Beten; es ist des Wartens wert, nämlich, dass kein anderer da ist, kein anderer Weg, keine andere Hoffnung, kein anderer Grund des Glaubens, keine andere Zuflucht. Dort sehe ich die Himmelspforte, und wenn ich hinein will, so muss ich auf Händen und Füßen kriechen, denn es ist eine niedrige Pforte. Ich sehe sie dort, sie ist eng und schmal, ich muss meine Sünden hinten lassen und meine stolze Gerechtigkeit, und ich muss hineinkriechen durch jene Tür. Komm, Sünder, was sagst du dazu? Willst du durch diese schmale und enge Pforte gehen?

Oder willst du das ewige Leben verachten und die ewige Wonne verscherzen? Oder willst du dich demütig anschicken, hindurchzukriechen, in der demütigen Hoffnung, dass er, der sich für dich dahingegeben hat, dich in seinem Namen annehmen will und dich jetzt erlösen und ewig selig machen mag?

Möchten diese wenigen Worte Kraft haben, einige zu Christus zu ziehen, so bin ich zufrieden. "Glaube an den Herrn Jesus Christus, so wirst du selig." "Denn es ist kein anderer Name unter dem Himmel den Menschen gegeben, darinnen wir sollen selig werden." Amen.

Das Blut des ewigen Bundes[5]

"Das Blut des ewigen Testaments."

Hebräer 13,20

ie Beziehungen Gottes zu den Menschen haben immer einen Bundescharakter gehabt. Es hat ihm gefallen, es so zu halten, dass er nicht anders mit uns in Verkehr tritt als durch ein Testament, und wir können auch ihm auf keine andere Weise nahe kommen. Adam stand im Paradies in einem Bundesverhältnis mit Gott. Diesen Bund brach er bald. Das ist aber ein Bund, der in seiner furchtbaren Geltung noch heute fortbesteht - furchtbar, weil er von Seiten des Menschen gebrochen wurde und deshalb Gott ganz gewiss seine feierlichen Drohungen und Eide erfüllen wird. Das ist das Testament der Gesetzeswerke. Auf Grundlage dieses Bundes verkehrte Gott mit Mose und in ihm mit dem ganzen Menschengeschlecht, das durch den ersten Adam vertreten wird. Später, als Gott mit Noah umging, war es wieder durch ein Testament, und als er in folgenden Zeiten Abraham heimsuchte, gefiel es ihm erneut, sich mit ihm durch ein Testament zu verbinden. Dieses Testament bewahrte und hielt er und erneuerte es immer wieder mit vielen seiner Nachkommen. Gott handelte selbst mit David, dem Mann nach seinem Herzen, nicht ohne Testament. Er machte einen Bund mit seinem Gesalbten; und, Geliebte, er handelt bis zur heutigen Zeit noch, mit euch und mit mir, durch Bund und Testament. Wenn er einst in all seiner schreckliche Majestät zum Gericht der Verdammnis kommen wird, dann wird er züchtigen mit dem Testament, nämlich mit dem Schwert des Bundes Sinai. Und wenn er kommt in all seiner Gnadenherrlichkeit zur Erlösung, auch dann kommt er zu uns mit seinem Testament, nämlich mit dem Bund Zion, mit dem Bund, den er mit Jesus Christus

---

[5] Gehalten am Sonntagmorgen, den 2. Oktober 1859, in der Music Hall, Royal Surrey Garden.

aufgerichtet hat, unserem Herrn, dem Haupt und Vertreter seines Volkes. Und achtet wohl darauf: Wenn wir mit Gott in ein nahes und inniges Verhältnis treten, so geschieht es von unserer Seite wieder nur durch ein Testament. Wir machen mit Gott, nachdem wir bekehrt sind, einen Bund der Dankbarkeit; wir fühlen uns gerührt von alledem, was er uns getan hat, und wir übergeben uns ihm. Die Taufe, die wir als Siegel der Aufnahme in seine Kirche empfangen haben, ist ein Pfand der Versiegelung dieses Bundes, den wir erneuern, so oft wir uns um den Tisch des Herrn versammeln, das Brot zu brechen; ja Tag für Tag erneuern wir das Gelübde des Testaments im persönlichen Umgang mit Gott. Ich kann zu Gott nicht beten ohne das Testament der Gnade, und ich weiß, dass ich nicht sein Kind sein kann, wenn ich ihm nicht durch das Testament angehöre, durch das Christus mich erkauft hat, und den Bund, durch den ich mich selber aufgegeben und mich mit allem, was ich bin und habe, ihm übergeben habe. Und weil der Bund, das Testament, die einzige Leiter ist, die von der Erde bis in den Himmel reicht, weil er der einzige Weg ist, auf dem Gott mit uns verkehrt und auf dem wir uns ihm nahen dürfen, so ist es wichtig, dass wir zwischen Testament und Testament zu unterscheiden vermögen, dass wir nicht im Ungewissen oder im Irrtum schweben über das, was das Testament der Gnade ist oder nicht.

Ich will heute versuchen, so einfach und klar wie möglich das Wesen des Testaments, von dem unser Text spricht, darzulegen. Daher rede ich zuerst vom Testament der Gnade, dann von seiner ewigen Geltung und drittens von seiner Beziehung auf das Blut - "das Blut des ewigen Testaments".

Ich habe heute zuerst *von dem Testament* zu reden, das unsere Textworte erwähnen; und ich will vor allem bemerken, dass wir auf den ersten Blick entdecken können, was das Testament nicht ist. Wir sehen sofort, dass es nicht der Bund der Gesetzeswerke ist, einfach deshalb, weil es ein ewiger Bund ist. Nun war aber das Testament der Gesetzeswerke in keiner Beziehung ewig; es war nicht von Ewigkeit her; es wurde zuerst im Garten Eden aufgerichtet; es hatte einen

Anfang; es wurde gebrochen; es wird beständig verletzt; es wird bald seine Geltung verloren haben und dahinfallen; darum ist es in keinerlei Weise ewig. Das Testament der Gesetzeswerke kann nicht den Titel "ewig" tragen. Da aber das Testament in unserem Text ein ewiges Testament ist, so kann es niemals das Testament der Gesetzeswerke sein. Gott errichtete mit dem Menschengeschlecht zuerst ein Testament, das so lautete: "So du, o Mensch, wirst gehorchen, so sollst du leben und glücklich sein, bist du aber ungehorsam, so wirst du umkommen. Des Tages, da du mein Gebot übertrittst, wirst du umkommen. Des Tages, da du mein Gebot übertrittst, sollst du des Todes sterben." Dieses Testament wurde in der Person des ersten Adams, des Vertreters unseres Geschlechts, mit uns allen aufgerichtet. Hätte Adam dieses Testament gehalten, so wären wir wohl alle bewahrt worden; weil er aber das Testament gebrochen hat, so seid ihr und ich und mit uns alle unsere Angehörigen in den Fall mitgerissen worden, und werden von nun an betrachtet als Kinder des Zorns, als Erben der Sünde, geneigt zu allem Bösen und dahingegeben in alles Verderben. Dieses Testament ist aufgehoben für das Volk Gottes; es ist aufgehoben durch das neue und bessere Testament, das das alte ganz und gar verdunkelt hat durch seinen herrlichen Gnadenreichtum.

Weiter bemerke ich, dass das Testament, von dem hier die Rede ist, nicht der Bund der Dankbarkeit ist, der zwischen dem liebenden Kind Gottes und seinem Heiland stattfindet. Solch ein Bund ist sehr schön und recht. Ich hoffe, dass jeder von uns, der den Heiland kennt, in seinem Herzen sprechen kann:

"Es ist gescheh'n, das Große ist gesceh'n!
Ich bin des Herrn und er ist mein!"

Wir haben um seinetwillen alles dahingegeben. Aber dieses Testament ist nicht das, auf das unser Text hinweist, einfach darum, weil unsere Textworte das Testament als ein ewiges bezeichnen. Nun schreibt sich aber unser Dankbund erst von wenigen Jahren her. Wir hätten es in den Zeiten unseres früheren Lebens verabscheut, und so kann es auch im günstigsten Fall nicht so alt sein wie wir selbst.

Haben wir nun gesehen, was dieses Testament nicht ist, so will ich nun zeigen, was dieses Testament ist. Und nun wird es notwendig sein, hier nochmals einiges voneinander zu trennen, und wir sagen daher: Um ein Testament zu verstehen, muss man wissen, wer die beiden übereinkommenden Teile sind; zweitens, welches die Bestimmungen des Vertrags sind; drittens, um was es sich dabei handelt. Und wenn man noch weiter gehen will, so muss man die Beweggründe kennen, die die übereinkommenden Teile dazu bewegen, den Vertrag miteinander abzuschließen.

Wir müssen in diesem Testament der Gnade vor allem die hohen, übereinkommenden Teile, zwischen denen es abgeschlossen wurde, in Betracht ziehen. Das Testament der Gnade wurde aufgerichtet vor Grundlegung der Welt zwischen Gott dem Vater und Gott dem Sohn, oder, um es schriftgemäßer auszudrücken, es wurde gegenseitig aufgerichtet zwischen den drei göttlichen Personen des anbetungswürdigen dreieinigen Gottes. Dieses Testament wurde nicht unmittelbar zwischen Gott und dem Menschen aufgerichtet. Der Mensch war damals noch nicht; Christus aber stand in dem Testament da als Vertreter des Menschen. Nur in diesem Sinne können wir sagen, dass es ein Testament war zwischen Gott und dem Menschen, aber nicht ein Testament zwischen Gott und irgendeinem persönlichen und einzelnen Menschen. Es war ein Testament Gottes mit Christus, und durch Christus mittelbar mit all seinen bluterkauften Kindern, die Christus von Grundlegung der Welt her geliebt hat. Es ist ein großer und herrlicher Gedanke, gleichsam die Poesie unserer alten evangelischen Lehre, dass - lange bevor das Tagesgestirn seinen Ort kannte, bevor Gott das "Werde aus nichts" gesprochen hatte, bevor eines Engels Flug durch den ungemessenen Äther[6] rauschte, bevor ein Laut des Lobgesanges zum ersten Mal die feierliche Stille belebte, in der Gott hoch erhaben waltete - er mit sich selbst, mit seinem Sohn und mit seinem Geist Rat gehalten und in diesem Rat die Erlösung seines Volkes beschlossen, festgesetzt und

---

[6] Weite, Raum des Himmels (in der griechischen Philosophie: der lebendige, feine Urstoff).

vorherbestimmt hatte. Er hat im Testament auch die Mittel und Wege dazu verordnet und alles erwogen und so eingerichtet, dass es zur Erfüllung des Endzwecks und Beschlusses zusammenwirken musste. Und meine Seele eilt nun auf den Schwingen der Ahnung und des Glaubens hin und schaut hinein in den geheimnisvollen Ratssaal, und im Glauben sehe ich, wie der Vater dem Sohn und der Sohn dem Vater und beiden wiederum der Geist den Ratschluss eidlich besiegelt, und so dieser Gottesvertrag, der lange im Dunkel verborgen bleiben sollte, vollendet und bestätigt wird - das Testament, das in diesen letzten Tagen im Licht des Himmels verkündigt und die Freude und Hoffnung und Stärke aller Heiligen geworden ist.

Und was sind nun die Bestimmungen dieses Testaments? Sie waren ungefähr diese: Gott hatte vorausgesehen, dass der Mensch nach seiner Erschaffung das Testament der Gesetzeswerke brechen würde, dass, so mild und gütig auch die Verpflichtung war, auf die hin Adam das Paradies besaß, diese Pflichten ihm zu schwer fallen würden und er sie unfehlbar verletzen und sich dadurch ins Verderben stürzen würde. Gott hatte auch vorausgesehen, dass seine Erwählten, die eraus den übrigen des Menschengeschlechts erwählt hatte, durch die Sünde Adams in den Fall hineingerissen würden, da sie - genau wie die anderen - in Adam vertreten waren. Der Zweck des Testaments war daher die Wiederherstellung des erwählten Volkes. Und nun können wir leicht begreifen, von welcher Art die Vertragsbestimmungen waren. Ich kann auch die herrliche himmlische Sprache, in der das Testament verfasst war, nicht beschreiben; ich bin nur im Stande, sie in den unvollkommenen Lauten wiederzugeben, die dem Ohr des Leibes und dem Herzen eines Sterblichen verständlich sind. Das Testament lautete von Seiten des Vaters etwa so: "Ich, Jehova, der Allerhöchste, übergebe hierdurch meinem eingeborenen und geliebten Sohn ein Volk, unzählbar wie das Heer der Sterne, das er von Sünden waschen, bewahren und erhalten und leiten und zuletzt vor meinem Thron von allen Flecken oder Runzeln oder ähnlichem rein darstellen wird. Ich bezeuge mit einem Eid und schwöre bei mir selbst, weil ich bei keinem Größeren schwören kann, dass diese, die ich hiermit Christus übergebe, in allen Gegenständen meiner ewigen Liebe sein sollen; ich will ihnen vergeben durch das Verdienst des

Blutes; ihnen will ich eine vollkommene Gerechtigkeit schenken; ich will sie annehmen zu Söhnen und Töchtern, und sie sollen mit mir ewig regieren durch Christus." So lautete dieser herrliche Teil des Testaments. Und auch der Heilige Geist gab als eine der hohen Vertragsparteien dieses Bundes seine Erklärung: "Hiermit bezeuge ich", spricht er, "dass ich alle, die der Vater dem Sohn übergibt, zur rechten Zeit lebendig machen will. Ich will ihnen ihre Erlösungsbedürftigkeit zeigen; ich will ihnen alle eitlen Hoffnungen rauben und ihre Zuflucht zur Lüge vereiteln; ich will sie zum Blut der Besprengung bringen; ich will ihnen Glauben schenken, durch den dieses Blut ihnen zugute kommen soll; ich will alles Gnadenwerk in ihnen ausrichten; ich will ihren Glauben lebendig erhalten; ich will sie reinigen und alles Unrecht von ihnen austreiben, und sie sollen zuletzt dargestellt werden als ein reines und unbeflecktes Volk." Das ist der eine Teil des Testaments, und der ist zu dieser Stunde erfüllt und bis ins Kleinste treu gehalten. Der andere Teil des Testaments wurde eingegangen und bezeugt von Christus; er erklärte und vereinigte sich mit seinem Vater dahin: "Mein Vater, ich meines Teils bezeuge hiermit, dass ich in der Fülle der Zeit Mensch werden will; ich will auf mich die Gestalt und Natur des gefallenen Geschlechts nehmen; ich will in ihrer verderbten Welt leben, und für mein Volk will ich das Gesetz vollkommen erfüllen; ich will eine unbefleckte Gerechtigkeit wirken, die allen Anforderungen deines gerechten und heiligen Gesetzes genügen soll. Zur gesetzten Zeit will ich die Sünden meines ganzen Volkes tragen. Du sollst ihre Schulden auf mich laden; die Strafe liegt auf mir, auf dass sie Frieden haben, und durch meine Wunden werden sie geheilt. Mein Vater, ich bezeuge und gelobe, dass ich gehorsam sein will bis zum Tod, ja bis zum Tod am Kreuz. Ich will dein Gesetz verherrlichen und es sehr löblich machen; ich will erdulden, was sie verschulden; ich will die Strenge deines Gesetzes über mich ergehen lassen, und alle deine Zornesschalen sollen auf mein Haupt ausgeschüttet werden - dann will ich wieder auferstehen. Ich will auffahren in den Himmel; ich will ihr Vertreter sein, dir zur Rechten; und ich will mich selbst verantwortlich machen für jeden unter ihnen, damit keiner von denen, die du mir gegeben hast, je verloren gehe, sondern ich will alle meine Schafe, die du meiner Hut anvertraut hast, endlich wohlbehalten zu dir führen." So lautete das Testament. Und nun denke ich, habt ihr eine deutliche Vorstellung, was es ist und wie es damit steht: ein Testament zwischen Gott und Christus, zwischen Gott dem Vater und dem Heiligen Geist und Gott dem Sohn als dem Bundeshaupt und Stellvertreter der Erwählten Gottes.

Ich habe euch so kurz wie möglich die Bestimmungen angegeben. Merkt nun wohl, meine teuren Freunde, dass das Testament auf der einen Seite vollkommen erfüllt ist. Gott der Sohn hat die Schulden der Erwählten bezahlt; er hat den ganzen göttlichen Zorn für uns Menschen und für unsere Erlösung ertragen. Es bleibt hier nichts mehr zu erfüllen, außer dass er uns fortwährend vertrete, damit er alle seine Versöhnten zur ewigen Herrlichkeit einbringe.

Von Seiten des Vaters ist das Bündnis erfüllt bis zu unzähligen Myriaden. Gott der Vater und Gott der Heilige Geist sind in Erfüllung ihres göttlichen Vertrags nicht lässig gewesen. Und seht, dieser Teil des Vertrags wird so genau und vollständig vollendet und ausgeführt wie der andere. Christus kann von dem, wozu er sich verpflichtet hat, sagen: "Es ist vollbracht!" Und so werden auch die anderen herrlichen Verbündeten sprechen. Alle, für die Christus starb, sollen Vergebung erlangen, alle gerechtfertigt, alle angenommen werden. Der Heilige Geist wird alle beleben, wird in allen Glauben wirken, wird alle in den Himmel bringen, und sie werden alle, ohne Anstand und ohne Hindernis, angenommen werden in dem Geliebten, am Tag, da das Volk gezählt und Jesus verherrlicht wird.

Und nun, nachdem wir gesehen haben, wer die hohen Vertragsparteien sind und wie das von ihnen beschlossene Testament lautet, wollen wir sehen, welches die Gegenstände dieses Testaments sind. Wurde dieses Testament für jeden Menschen vom Geschlecht Adams gemacht? Gewiss nicht. Wir entdecken das Verborgene aus dem, was sichtbar ist; was in dem Testament inbegriffen ist, werden wir zur vorbestimmten Zeit mit den Augen sehen und mit den Ohren hören. Ich sehe zahllose Menschen verloren gehen, die auf ihren gottlosen Wegen leichtfertig dahingehen, die das Opfer Jesu Christi verwerfen, das ihnen im Evangelium Tag für Tag vor Augen gestellt wird, die das Blut des Menschensohnes mit Füßen treten, die den Geist schmähen, der sie anfassen will. Ich sehe, wie diese Menschen immer tiefer in die Bosheit versinken und am Ende in ihren Sünden zu Grunde gehen. Ich bin nicht so töricht, zu glauben, dass sie irgend teilhaben am Bund der Gnade. Wer unbußfertig stirbt, die Vielen, die den Heiland verwerfen, die können, wie es sich deutlich zeigt, kein Teil und kein Erbe haben am heiligen Testament der göttlichen Gnade; denn wenn sie mit eingeschlossen wären, so würden gewiss Kennzeichen und Beweise vorhanden sein, die es uns bestätigen; wir würden finden, dass sie zu rechter Zeit in diesem Leben zur Reue geführt, und, gewaschen im Blut des Lammes, selig würden. Das Testament - um gleich zur Sache zu kommen, wie einschneidend auch die Wahrheit lauten mag - das Testament hat es nur mit den Erwählten zu tun, und mit keinen anderen. Tut euch das weh? Schmerzt euch das? Wie sprach Christus? "Ich bitte für sie, nicht bitte ich für die Welt, sondern für die, die du mir gegeben hast, denn sie sind dein." Wenn Christus für niemanden bittet als für seine Auserwählten, warum solltet ihr euch darum kümmern, dass euch das Wort Gottes lehrt, im Testament sei für eben dieselben Seelen Fürsorge getroffen, dass sie das ewige Leben erben sollen? So viele, wie glauben, so viele, wie auf Christus vertrauen, so viele, wie bis ans Ende beharren, so viele, wie zur ewigen Ruhe eingehen, so viele sind eingeschlossen im Testament der göttlichen Gnade, und keiner mehr.

Weiter haben wir zu betrachten, aus welchen Beweggründen dieses Testament aufgerichtet wurde. Warum wurde das Testament überhaupt aufgerichtet? Gott war nicht dazu gezwungen und genötigt; auch war noch keine Kreatur vorhanden. Hätten die Geschöpfe auf den Schöpfer auch einen Einfluss ausüben können, so gab es zur Zeit, als das Testament gemacht wurde, noch kein Geschöpf. Wir können nirgends im Testament einen Beweggrund Gottes finden, es sei denn, derselbe liege in ihm selbst; denn Gott konnte in jenen Tagen buchstäblich von sich sagen: "Ich bin, und außer mir ist keiner!" Warum also machte er das Testament? Ich antworte: Die unumschränkte Allmacht wollte es. Aber warum wurden gewisse Menschen darin eingeschlossen, und warum andere nicht? Ich antworte: Die unumschränkte Gnade führte die Feder. Es war kein Verdienst des Menschen, nichts von dem, was Gott in uns vorhersah, was ihn veranlasste, manche zu erwählen und andere in ihren Sünden dahingehen zu lassen. Es war nichts in ihnen, es war die verbundene Allmacht und Gnade, die die Erwählung festmachte. Wenn ihr, meine lieben Brüder und Schwestern, eine gute Hoffnung habt, im Testament der Gnade zu stehen, so müsst ihr sagen: "Was ist in mir, das Achtung verdiente und mir des Schöpfers Gefallen erränge? Es war eben so, muss immer ich singen, denn also schien es, Vater, dir gut." Wem er gnädig ist, dem ist er gnädig, denn es liegt nun nicht an deinem Wollen oder Laufen, sondern an Gottes Erbarmen. Seine Freiheit wählte, seine Gnade sonderte aus und sein unwandelbarer Wille bestätigte. Kein Beweggrund verlangte die Erwählung der Einzelnen, außer der Grund der ewigen Liebe und göttlichen Allmacht, den er in ihm selbst hat. Ohne Zweifel war die Absicht Gottes bei Aufrichtung des Testaments seine Verherrlichung überhaupt, und ein geringerer Grund wäre unter seiner Würde. Gott muss seinen Beweggrund in sich selbst haben; er braucht nicht auf Motten und Maden zu schauen, wenn er für seine Taten Gründe sucht; er ist "Jehova, ich bin, der ich bin". Er tut, was er will, unter den himmlischen Heeren. Wer darf seine Hand halten und zu ihm sagen: "Was tust du?" Darf auch der Ton den Töpfer fragen, warum er ihn zum Gefäß gestaltet? Darf auch das Gebilde seinem Schöpfer befehlen, da es noch nicht erschaffen ist? Nein, Gott sei Gott, und der Mensch schrumpfe in seine angeborene Nichtigkeit zusammen, und wenn ihn Gott erhöht, so rühme er sich nicht, als ob dennoch Gott im Menschen einen Grund für seine Tat gefunden hätte; er findet seine Gründe in sich; er ist sich selbst genug und findet nichts Höheres, noch bedarf er irgendetwas außer ihm. Das ist in aller Kürze das Erbe, was das Testament betrifft. Der Heilige Geist aber leite uns in alle Wahrheit!

Nun aber haben wir zweitens *seine ewige Geltung* zu betrachten. Es wird ein ewiges Testament genannt. Und daran erkennt ihr sogleich sein Alter. Das Testament der Gnade ist das erste aller Dinge. Es ist oft ein Anlass großer Freude für mich, zu denken, dass das Testament der Gnade älter ist als das Testament der Gesetzeswerke. Das Testament der Werke hat einen Anfang, aber das Testament der Gnade hat keinen; und gelobt sei Gott, dass das Testament der Werke ein Ende hat, dass aber das Testament der Gnade fest und unbeweglich steht, wenn Erd' und Himmel untergeht. Das hohe Alter des Testaments der Gnade fordert uns zur dankbaren Betrachtung auf. Es ist eine Wahrheit, die den Geist erhebt. Ich kenne keine gewaltigere Lehre; sie ist die ganze Seele und Kraft aller Poesie, und wenn ich sitze und darüber nachdenke, so wird mein Geist, ich bekenne es, oft mit Entzücken davon erfüllt. Könntet ihr den Gedanken fassen, dass, ehe etwas war, Gott euer gedachte? Dass, als er die Berge noch nicht erschaffen hatte, er deiner gedacht hat, du armer, schwacher Wurm? Dass, ehe die prächtigen Gestirne zu glänzen begannen, und ehe der große Schwerpunkt des Weltalls befestigt war, und all die mächtigen Planeten und ihre Monde und die seltsamen Kometen ihren harmonischen Reigen begannen, Gott den Schwerpunkt seines Testaments befestigt und die Zahl der kleineren Sterne geordnet hatte, die um diese Segensmitte kreisen und davon ihr Licht erhalten sollten. Wie, wenn einer den großen Plan des unendlichen Weltalls erfasst, wenn wir mit den Sternkundigen den Raum durcheilen, wenn wir ihn endlos finden und die Heere der Sterne zahllos, erscheint es nicht wunderbar, dass Gott den armen, unbedeutenden Menschen dem ganzen übrigen Universum vorziehen sollte? Das darf uns nicht stolz machen - weil es eine göttliche Wahrheit ist -, aber es muss uns glücklich machen. O gläubiger Christ, du glaubst, nichts zu sein, Gott aber denkt nicht so von dir. Die Menschen verspotten dich, aber Gott gedachte dein, ehe er etwas erschuf. Das Testament der Liebe, das er deinetwegen mit dem Sohn machte, ist älter als das graue Altertum; und wenn du zurückfliegst bis dahin, wo die Zeit selbst noch nicht angefangen hatte, bevor noch jene starren Felsen, die die Spuren der grauen alten Vorzeit an ihrer Stirn tragen, gegründet waren, hatte er dich geliebt und erwählt und deinetwegen ein Testament aufgerichtet. Gedenke wohl dieser ewigen Dinge der ewigen Höhen.

Dann wiederum ist es ein ewiges Testament durch seine Gewissheit. Nichts ist ewig, was nicht gewiss ist. Der Mensch mag seine Gebäude errichten und meinen, sie werden ewig stehen, aber der Turm zu Babel ist zerfallen und selbst die Pyramiden zeigen Spuren des Untergangs. Nichts, was der Mensch zu Stande gebracht hat, ist ewig, weil er es nicht gegen den Verfall zu sichern vermag. Aber von dem Bund der Gnade hat David gesagt: "Er ist wohl geordnet in allem und bewahrt." Er ist "signiert, versiegelt und bestätigt, in allem wohlbestellt."

Da ist kein "Wenn" und kein "Aber" im Ganzen, von Anfang bis zum Ende. Der Eigenwille hasst Gottes "Soll" und "Will" und liebt die "Wenn" und "Aber" der Menschen; aber es gibt kein "Wenn" und "Aber" im Testament der Gnade. So lautet der Vertrag: "Ich will" und "sie werden". Jehova schwört es und der Sohn erfüllt es. Es ist wahr, es muss wahr sein, es muss gewiss sein, denn "Ich bin, der ich bin" gebietet es. "Sollte er etwas sagen und nicht tun? Sollte er etwas reden und nicht halten?" Es ist ein sicheres Testament. Ich habe manchmal gesagt, wenn jemand eine Brücke oder ein Haus bauen wollte und wollte mir nur erlauben, einen einzigen Stein oder Balken einzufügen, wo ich wollte, so könnte ich machen, dass das ganze Haus zusammenfiele. Wenn einer eine Brücke zu bauen anfinge, so lasst mich gerade nur einen einzigen Stein auflegen - ich will wählen, welchen Stein - und ich will verhindern, dass seine Brücke halte. Ich würde einfach den Schlussstein wählen, so könnte er bauen, was er wollte, es würde bald zusammenstürzen. Nun, das Glaubensbekenntnis des Arminius[7] kann nicht bestehen, denn es sind in ihm zwei oder drei Steine (und das ist noch sehr milde gesagt, denn ich hätte sagen können "jeder Stein", er würde die Sache besser getroffen haben), die vom Willen des Menschen abhängen. Es ist dem Willen des Geschöpfes überlassen, ob es selig werden will oder nicht. Wenn er nicht will, gibt es keine zwingende Kraft, die seinen

---

[7] Arminius (1560-1609) lehrte, dass Gottes Erwählung (Prädestination) auf sein Vorherwissen basiert, ob sich ein Mensch für Christus entscheidet oder nicht. Er betonte die Freiheit des Willens, sich für oder gegen Christus zu entscheiden. Damit stellte er sich gegen die geltende Confessio Belgica (1562).

Willen meistern und überwinden kann. Nach Arminius gibt es keine Verheißung, dass irgendein Einfluss mächtig genug sei, ihn zu überwinden. So wäre die Sache dem Menschen in die Hand gelegt, und Gott, der allmächtige Baumeister, würde doch von seinen Geschöpfen zu Schanden gemacht, selbst wenn er Stein auf Stein türmte, mächtig wie das Weltall. Weg mit solcher Gotteslästerung! Der ganze Bau liegt von Anfang bis Ende in der Hand Gottes. Sogar die Satzungen und Bedingungen dieses Testaments sind ihm zu einem Siegel und zur Bekräftigung geworden, weil Jesus alles vollbracht hat. Seine vollkommene Erfüllung in jedem Jota und Titel ist gewiss und muss von Jesus Christus vollendet werden, ob der Mensch will oder nicht. Es ist nicht des Menschen Testament, sondern Gottes; es ist nicht des Menschen Testament, sondern der Bund des Allmächtigen, und er wird es ausführen und vollenden, trotz des Menschen Willen; denn gerade das ist die Herrlichkeit der Gnade, dass der Mensch seine Erlösung hasst, dass er Feindschaft gegen sich selber hegt und Gott ihn doch erlösen will, dass Gottes Testament ist: "du wirst", und des Menschen Absicht: "ich will nicht", und Gottes "wirst" des Menschen "ich will nicht" unterwirft. Die allmächtige Gnade schreitet siegreich über den Nacken des Eigenwillens hinweg und führt ihn in herrlichen Fesseln gefangen zur alles besiegenden Macht und unwiderstehlichen Gnade und Liebe. Es ist ein gewisses Testament und verdient daher den Namen "ewig".

Weiter ist das Testament nicht nur gewiss, sondern unwandelbar. Wenn es nicht so wäre, so könnte es nicht ewig sein. Was der Veränderung unterworfen ist, geht dahin. Wir dürfen ganz sicher darauf zählen, dass alles, woran das Wort "Veränderung" haftet, früher oder später stirbt und vergeht und als nichtig hinweggetan wird. Aber im Testament bleibt alles unwandelbar. Was Gott geredet hat, muss geschehen, und es darf kein Wort, kein Zug, kein Pünktchen daran verändert werden. Was der Heilige Geist zusagt, das tut er, und was Gott der Sohn verheißen hat, hat er erfüllt, und er wird es vollenden am Tag seiner Erscheinung. Wenn wir glauben müssten, die heiligen Worte Gottes könnten ausgetilgt, das Testament null und nichtig gemacht werden, ja dann, meine teuren Freunde, müssten wir uns wohl verzweifelnd am Boden winden. Ich habe manchen Prediger sagen hören, dass, wenn der Christ ein heiliges Leben führte, er im Testament sei; wenn er sündige, werde er hinausgestoßen; wenn er dann bereue, so werde er wieder angenommen; und wenn er abermals falle, er noch einmal ausgestoßen werde; und also ginge er aus und ein zur Tür der Seligkeit, wie er ein- und ausgeht in sein eigenes Haus. Er ginge zur einen Tür hinein, zur anderen hinaus. Bald wäre er ein Kind Gottes und bald des Satans Kind, jetzt ein Erbe des Himmels und dann ein Erbe der Verdammnis; und ich kenne jemanden, der gesagt hat, obwohl ein Mensch sechzig Jahre lang durch die Gnade ausgeharrt hätte, könnte er doch noch im letzten dahinfallen; wenn er sündigen würde und dann sterben, würde er ewig verloren gehen, und all sein Glaube und all die Liebe, die Gott ihm in vergangenen Tagen gezeigt hätte, würden sein, als wäre es nie gewesen. Ich freue mich doch, dass ich sagen kann, solch eine Ansicht von Gott ist die gleiche, die ich vom Satan habe. An solch einen Gott könnte ich nicht glauben und könnte mich vor ihm nicht beugen. Ein Gott, der heute liebt und morgen hasst; ein Gott, der Verheißungen gibt und doch zuletzt voraussieht, dass der Mensch die Erfüllung nicht an sich erfahren werde; ein Gott, der Verheißungen gibt und doch straft, der gerecht macht und nachher doch verdammt, ist ein Gott, den ich nicht fassen, nicht ertragen kann. Das weiß ich gewiss, solch ein Gott ist nicht der Gott heiliger Schrift, denn der ist unwandelbar und hat die Seinen geliebt, er wird sie lieben bis ans Ende, und wenn er einem Menschen eine Verheißung gegeben hat, so wird die Verheißung erfüllt werden, und wer einmal in der Gnade steht, steht in der Gnade für immer und wird unfehlbar nach und nach eingehen zur Herrlichkeit.

Und nun, um diesen Gegenstand zu Ende zu bringen, ist das Testament ewig, weil es nie abläuft. Es wird erfüllt und es bleibt fest. Wenn Christus alles vollendet und jeden Gläubigen zu sich in den Himmel genommen hat, wenn der Vater sein Volk versammelt sieht, dann wird zwar das Testament vollendet sein, aber nicht abgetan, denn so lautet der Bund: "Die Erben der Gnade sollen gesegnet sein ewiglich"; und so lange dieses "ewiglich" währt, so lange wird dieses ewige Testament die Seligkeit, Bewahrung, Verherrlichung jedes darin Eingeschlossenen fordern.

Wir haben im Vorigen die ewige Gültigkeit des Testaments erkannt und schließen nun mit dem lieblichsten und köstlichsten Teil des Textes, mit seiner Beziehung auf das Blut - *das Blut des ewigen Testaments.* Das Blut Jesu Christi steht in einer vierfachen Beziehung zum Testament. Im Hinblick auf Christus ist sein kostbares, in Gethsemane, auf Gabbata und Golgatha vergossenes Blut die Erfüllung des Testaments. Durch dieses Blut wird die Sünde getilgt; durch Jesu Angst und Schmerzen wird der Gerechtigkeit genug getan; durch seinen Tod wird das Gesetz geehrt; und durch dieses Blut mit seiner ganzen versöhnenden Macht und seiner ganzen reinigenden Kraft erfüllt Christus alles, was er Gott gelobte zu tun für sein Volk. O liebe gläubige Seele, schau an das Blut Christi und bedenke, dass darin Christi Anteil am Testament vollendet ist. Und nun bleibt nichts mehr zu erfüllen als allein Gottes Anteil; für dich ist hier nichts zu tun; Jesus hat es alles auch für dich getan; der freie Wille des Menschen kann hier nichts ergänzen; alles, was Gott verlangen darf und kann, hat Christus ganz getan. Das Blut ist die Erfüllung von Seiten des Schuldners im Testament, und nun ist Gott mit seinem eigenen feierlichen Eid verbunden, Gnade und Erbarmen zu erweisen allen, die Christus versöhnt hat mit seinem Blut.

Das Blut ist in einer anderen Beziehung für Gott den Vater eine Verpflichtung auf das Testament. Wenn ich Christus am Kreuz sterben sehe, so sehe ich den ewigen Gott von dieser Zeit an; wenn ich von ihm, dem "Ewig-Freien", so sagen darf, gebunden von seinem eigenen Eid und Bund, jede Vertragsbestimmung auszuführen; wenn das Testament sagt: "Ein neues Herz will ich dir geben und einen richtigen Geist will ich in dich pflanzen" - so muss es geschehen, denn Jesus ist gestorben und Jesu Tod ist das Siegel des Testaments. Wenn es spricht: "Ich will reines Wasser über sie sprengen, dass sie rein werden, von aller Unreinheit will ich sie reinigen", dann muss es geschehen, denn Christus hat das Seine getan; und darum können wir das Testament nicht mehr als etwas Zweifelhaftes darstellen, sondern als unsere Berufung auf Gott durch Christus; und wenn wir demütig flehen und uns auf das Testament berufen, so kann unser himmlischer Vater die darin gegebenen Verheißungen nicht vorenthalten, sondern es wird alles Ja und Amen sein für uns durch das Blut Jesu Christi.

Danach wiederum hat das Blut des Testaments Beziehung auf uns als die Gegenstände des Testaments, und das ist der dritte Punkt. Es ist nicht allein eine Erfüllung durch Christus und eine Verpflichtung für den Vater, sondern es ist ein Beweis und Pfand für uns. Und nun, teure Brüder und Schwestern, lasst mich euch hier ein Wort der Liebe ans Herz legen: Verlasst ihr euch ganz und gar auf das Blut? Ist sein Blut, das kostbare Blut Jesu Christi, auf eure Gewissen gesprengt worden? Habt ihr in seinem Blut die Versöhnung für eure Sünden gesehen? Habt ihr Vergebung eurer Sünden erlangt durch das Blut Jesu? Ruht ihr in seinem Sühneopfer und ist unter seinem Kreuz eure alleinige Hoffnung und Zuflucht? Dann seid ihr im Testament. Viele Menschen wollen wissen, ob sie erwählt sind. Wir können es ihnen nicht sagen, bis sie auf Eines antworten: Glaubst du? Ist dein Glaube gegründet auf das teure Blut? Dann stehst du im Testament. Und auch, du armer Sünder, wenn du nichts hast, das dich empfiehlt, wenn du entfernt stehst wie der Zöllner und sprichst: "Ich darf nicht kommen; ich habe große Furcht; ich bin nicht im Testament!" - dennoch bittet Christus dich: Komm! "Komme zu mir", spricht er. "Kannst du nicht zum Bundes-Vater kommen, so komm zur Bundes-Versiegelung; komm zu mir, und ich will dir Ruhe geben!" Und wenn du zu ihm gekommen bist, und wenn du mit seinem Blut besprengt bist, so zweifle nicht, dass dein Name geschrieben steht im purpurnen Buch der Erwählung. Kannst du deinen Namen lesen, geschrieben mit den blutigen Zügen der Versöhnung des Heilands? Dann kannst du ihn einst lesen in der strahlenden Goldschrift der Erwählung des Vaters. Wer da glaubt, ist erwählt. Das Blut ist das Sinnbild, das Zeichen, der Ernst, die Gewissheit, das Siegel des Bundes der Gnade für dich; es muss stets das Fernglas sein, durch das du auf das fern Liegende hinblickst. Mit bloßen Augen kannst du deine Erwählung nicht sehen, aber durch das Blut Jesu Christi erblickst du sie klar genug. Vertraue auf das Blut, du armer Sünder, und dann ist dir das Blut des ewigen Testaments eine gewisse Versicherung, dass du ein Erbe des Himmels bist.

Endlich steht das Blut in Beziehung zu allen dreien, und hier will ich hinzufügen, dass das Blut die Herrlichkeit aller ist. Für den Sohn ist es die Erfüllung, für den Vater die Verpflichtung, für den Sünder die Versicherung, und für alle - Vater, Sohn und Sünder - ist es die gemeinsame Herrlichkeit, der gemeinsame Ruhm. An ihm hat der Vater sein Wohlgefallen; es sieht auch der Sohn voll Freude darauf herab und schaut an den Preis seiner Schmerzen; und in ihm findet der Sünder allezeit seinen Trost und seine ewige Freude.

> *"Jesu, dein Blut und Gerechtigkeit,*
> *Das ist mein Schmuck und Ehrenkleid,*
> *Mein Lobgesang in Ewigkeit."*

Und nun, meine teuren Zuhörer, habe ich eine Frage zu stellen, und dann bin ich fertig: Habt ihr die frohe Hoffnung, dass ihr im Testament seid? Habt ihr eure Hoffnung gesetzt auf das Blut? Und wenn ihr vielleicht meint, dass ich mit dem, was ich gesagt habe, das Evangelium verkümmere, so wisst, dass das Evangelium frei gepredigt wird für jedermann. Der Bund ist abgegrenzt, aber die gute Botschaft ist weit wie das Weltall. Ich verkündige sie aller Kreatur unter dem Himmel, denn es ist mir so befohlen worden. Das Geheimnis Gottes, das die Besprengung seiner Auserwählten ist, ist beschränkt auf diese; nicht aber die Botschaft, denn diese muss verkündigt werden allen Völkern und Sprachen. Du hast aber dein Leben lang das Evangelium oft und viel vernommen; es lautet so: "Das ist gewisslich wahr und ein teures wertes Wort, dass Christus Jesus gekommen ist in die Welt, die Sünder selig zu machen." Glaubst du das? Und ist das deine Hoffnung, wie etwa: "Ich bin ein Sünder, ich glaube, dass Christus für mich gestorben ist, ich baue meine Hoffnung auf das Verdienst seines Blutes, und ob ich unterginge oder oben bleibe, so habe ich außer ihm keine andere Hoffnung"?

> *"Gar nichts, gar nichts bringe ich,*
> *Nur das Kreuz umschlinge ich!"*

Du hast es gehört - hast du es zu Herzen genommen und dich daran festgeklammert? Dann zweifle nicht, du bist ein Bundesglied des ewigen Testaments. Und warum sollte dich die Erwählung ängstigen und schrecken? Wenn du Christus erwählt hast, so verlass dich darauf - er hat dich erwählt. Wenn dein tränenvolles Auge zu ihm aufblickt, dann hat schon längst sein allwissender Blick auf dich herabgeschaut; wenn dein Herz ihn liebt, so liebt sein Herz dich inniger, als du ihn je zu lieben vermagst; und wenn du jetzt sprichst: "Mein Vater, du sollst der Leiter meiner Jugend sein", so will ich dir ein Geheimnis sagen: Er ist es, der dich geleitet und zu dem gemacht hat, was du jetzt bist, zu einem Demütigen, Heilsbegierigen, und er wird dich ferner leiten und dich endlich in Ehren annehmen. Bist du aber stolz, hochmütig, eigenwillig und sprichst: "Ich will Buße tun und glauben, wenn es mir gefällt; ich habe ebenso gut das Recht, selig zu werden, wie andere, und ich werde ohne Zweifel meinen Lohn empfangen." Wenn du auf eine allumfassende Versöhnung pochst, die nach des Menschen freier Wahl empfangen werde, so gehe und poche, und du wirst mit deinem Pochen verworfen werden; du wirst erfahren, dass Gott nicht mit dir handelt auf solchem Fuß, sondern er wird sprechen: "Hebe dich von hinnen, ich habe dich nie erkannt; wer nicht zu mir kommt durch den Sohn, kann niemals zu mir kommen." Ich glaube, ein Mensch, der es nicht versteht, sich der erwählenden Liebe und unumschränkten Gnade Gottes zu ergeben, hat alle Ursache zu fragen, ob er überhaupt ein Christ sei; denn der Geist, der sich dagegen auflehnt, ist der Geist der Hölle, der Geist des ungebeugten, unerneuerten Herzens. Möge Gott dein Herz von solcher Feindseligkeit freimachen und empfänglich für seine köstliche Gnade, und dich damit aussöhnen und dich dann mit ihm selbst versöhnen durch das Blut seines Sohnes, welches ist das Band und Siegel des ewigen Testaments. Amen.

DIE DREIFACHE TÄTIGKEIT DES HEILIGEN GEISTES[8]

"Und wenn derselbige kommt, der wird die Welt strafen, um die Sünde, um die Gerechtigkeit und um das Gericht. Um die Sünde, dass sie nicht glauben an mich; um die Gerechtigkeit aber, dass ich zum Vater gehe, und ihr mich hinfort nicht seht; um das Gericht, dass der Fürst dieser Welt gerichtet ist."

Johannes 16, 8-11

ie Apostel hatten eine schwere Aufgabe vor sich. Sie sollten hingehen in alle Welt und das Evangelium aller Kreatur predigen, anfangend in Jerusalem. Erinnert euch, dass sie zwei oder drei Jahre vorher einfache Fischer waren, die auf dem Galiläischen Meer beschäftigt waren - Männer von wenig oder gar keiner Bildung, Männer ohne Rang und Stand. Im besten Fall waren sie nur Juden und somit Angehörige einer Nation, die überall verachtet war, während diese ungebildeten Leute nicht einmal unter ihrem eigenen Volk Männer von Ansehen waren. Doch sollten sie den ganzen Erdkreis erregen. Ihr Herr hatte ihnen gesagt, dass sie um seines Namens willen vor Könige und Fürsten gebracht werden müssten, und dass man sie verfolgen würde, wohin sie auch gingen. Sie sollten das Evangelium verkünden angesichts der römischen Kaisermacht, der alten griechischen Weisheit und der furchtbaren Grausamkeiten barbarischer Länder, und das Reich des Friedens und der Gerechtigkeit errichten.

Zu derselben Zeit, wo sie ihren Auftrag erhielten, sollten sie auch die leibliche Gegenwart ihres großen Führers verlieren. Solange Er bei ihnen war, hatten sie keine Furcht gefühlt. Wenn die

---

[8] Gehalten am Sonntagmorgen, den 25. Februar 1883, im Metropolitan Tabernakel, Newington.

41

Schriftgelehrten und Pharisäer sie in Verwirrung setzten, so flüchteten sie sich zu Jesus und wurden aus ihrer Verlegenheit befreit. Nie hatte ein Mensch so geredet wie Er; nie hatte solche Weisheit und Klugheit in einem Geist gewohnt, wie sie in dem Geist Christi wohnte. Seine Gegenwart war ihr Schutz, der breite Schild, hinter dem sie sicher waren, was für Pfeile auch von ihren Gegnern auf sie geschossen wurden. Aber nun, da Er aus der Welt zum Vater ging, wurden sie ihrer Feste und ihrer Burg beraubt; sie sollten wie Kinder sein, die ihren Vater verloren haben, oder wenigstens wie Soldaten ohne General. Hier war ein trauriger Fall. Werk gegeben und Macht entzogen: eine Schlacht begann, und der siegreiche Anführer ging fort.

Wie gut war es für diese Jünger, dass unser Herr ihnen sagen konnte, sein Fortgehen würde ihnen eher Gewinn als Verlust bringen; denn wenn Er gegangen sein werde, so sollte der Geist Gottes kommen, um ein Anwalt für sie und mit ihnen zu sein, und durch seine Kraft sollten sie fähig werden, alle ihre Feinde zum Schweigen zu bringen und ihren Auftrag zu erfüllen. Der Heilige Geist sollte ihr Tröster sein, damit sie sich nicht fürchteten, und ihr Anwalt, damit sie nicht zu Schanden würden. Wenn sie sprächen, sollte eine Macht in ihnen sein, die ihnen ihre Worte eingäbe; eine Macht würde ihre Worte begleiten, die die Hörer überzeugte; und eine Macht in ihren Hörern, die das gesprochene Wort ihren Herzen einprägte: diese Macht sollte göttlich sein, die Macht des Heiligen Geistes, der ein Gott mit dem Vater und dem Sohn ist. Es ist ein Ding, wenn Menschen sprechen, und ein ganz anderes, wenn Gott durch Menschen spricht. Das Werk der Verkündigung des Evangeliums an die Welt war viel zu groß für die zwölf; aber es war keineswegs zu groß für den Heiligen Geist. Wer kann seine Macht beschränken? Ist etwas zu schwer für den Herrn? Da der Heilige Geist ihr Helfer war, waren diese schwachen Männer der Aufgabe gewachsen, die Gott ihnen anvertraut hatte. Die Gegenwart des Heiligen Geistes war besser für sie als die leibliche Gegenwart des Herrn Jesu. Der Herr Jesus hätte mit seiner körperlichen Gegenwart nur an einem Ort sein können, aber der Heilige Geist konnte überall sein; der Anblick Jesu hätte nur auf die Sinne gewirkt, aber die Macht des Heiligen Geistes berührte das Herz und wirkte geistliches Leben und errettenden Glauben; so rüstete der Herr durch sein eigenes Sich-zurückziehen und das Senden des Geistes seine Knechte für den Kampf aus.

Wir wollen heute betrachten, was der Heilige Geist als Anwalt tut. Die Stelle kann nicht völlig verstanden werden, wenn wir sie nicht auf dreierlei Weise übersetzen; und ich behaupte nicht, dass wir selbst dann aus dieser auserlesenen Traube all den köstlichen Wein ihrer Bedeutung herauspressen werden. Nach meiner Meinung ist sie ein Inbegriff des ganzen Werkes des Geistes Gottes. Durch unsere drei Lesarten werden wir vieles sehen: erstens, der Geist Gottes begleitet die Predigt des Evangeliums, um die Menschen wegen der Sünde zu strafen und sie so in der Gegenwart des Predigers der Gerechtigkeit zu beschämen; zweitens (und dies ist ein viel gesegneteres Resultat), um die Menschen von der Sünde zu überzeugen und sie so zur "Buße zu Gott und dem Glauben an unseren Herrn Jesus Christus" zu leiten; und drittens wird das Ergebnis von dem Werk des Heiligen Geistes das sein, die Menschen vor allen vernunftbegabten Wesen zu überführen, dass sie sich der gröbsten Sünde schuldig gemacht, der vollkommensten Gerechtigkeit widersetzt und dem glorreichsten Gericht getrotzt haben. Wir wollen versuchen, die Bedeutung der Stelle durch diese drei Fenster zu sehen.

Zuerst: Wir glauben, hier ist den Dienern Christi eine Verheißung gegeben, dass, wenn sie ausgehen, das Evangelium zu predigen, der Heilige Geist mit ihnen sein wird, *um die Menschen zu strafen.* Hierunter wird nicht so sehr verstanden, um sie zu erretten, sondern um sie zum Stillschweigen zu bringen. Wenn der Prediger Christi auftritt, um seines Herrn Sache zu führen, so erscheint ein anderer Anwalt zugleich mit ihm, dessen Vertretung es den Menschen schwer macht, der Wahrheit zu widerstehen.

Beachtet, wie die Sünde gestraft wird. Am Pfingsttag sprachen die Jünger in verschiedenen Zungen, "nachdem der Geist ihnen gab auszusprechen". Menschen von allen Ländern unter dem

Himmel hörten, wie die Apostel sie in ihrer eigenen Sprache anredeten. Dies war ein großes Wunder und erscholl in ganz Jerusalem; und als Petrus aufstand, der versammelten Menge predigte und den Juden sagte, dass sie den Heiligen und Gerechten gekreuzigt hätten, da waren die Zeichen und Wunder, die der Geist im Namen Jesu wirkte, ein Zeugnis, das sie nicht widerlegen konnten. Schon die Tatsache, dass der Geist Gottes diesen ungelehrten Männern die Gabe der Sprache gegeben hatte, war ein Beweis, dass Jesus von Nazareth, von dem sie redeten, kein Betrüger sei. Es war in dem alten jüdischen Gesetz vorgeschrieben, dass, wenn ein Mann weissagte und seine Weissagungen nicht erfüllt wurden, er als falscher Prophet verdammt werden sollte; wenn aber das, was er sagte, geschah, so war er ein wahrer Prophet. Nun hatte der Herr Jesus Christus die Ausgießung des Heiligen Geistes verheißen, die auch mit Bezug auf den Messias von dem Propheten Joel vorhergesagt war; als deshalb dieses Zeichen des wahren Messias Jesus von Nazareth aufgedrückt wurde durch das Kommen des Heiligen Geistes und die Wunder, die geschahen, da wurden die Menschen gestraft, dass sie sich geweigert hatten, an Jesus zu glauben. Der Beweis wurde ihnen geführt, dass sie mit gottlosen Händen den Herrn der Herrlichkeit kreuzigten, und so standen sie gestraft da.

Alle folgenden Wunder dienten zum Beweis der gleichen Sache; denn wenn die Apostel Wunder wirkten, so wurde die Welt wegen der Sünde gestraft, dass sie nicht an Christus geglaubt hatte. Nicht ein paar Jünger waren es, welche von der Sünde des Menschengeschlechts zeugten, sondern der Heilige Geist selbst machte die Menschen zittern, als er durch seine gewaltigen Taten Zeugnis für den Herrn Jesus ablegte und es klarmachte, dass die Welt, indem sie Ihn kreuzigte, den menschgewordenen Sohn Gottes getötet hatte. Seht ihr nicht die furchtbare Macht, mit welcher die ersten Jünger dadurch bewaffnet waren? Dies war für sie mehr als der Stab in Moses Hand, durch den er Pharao mit Plagen schlug.

Der ganze Eigenwille dieses halsstarrigen Geschlechts gehörte dazu, dem Heiligen Geist zu widerstehen und sich zu weigern, vor Ihm sich zu beugen, den sie durchbohrt hatten; sie waren voll

Bosheit und Hartnäckigkeit, aber in ihrem innersten Herzen fühlten sie den Stachel und wussten, dass sie gegen Gott stritten.

Seht ihr nicht auch, liebe Freunde, wie das Wirken des Heiligen Geistes mit den Aposteln und ihren unmittelbaren Nachfolgern ein wunderbares Strafen der Welt um die Gerechtigkeit war? Jesus war gegangen, und sein göttliches Beispiel stand nicht länger da wie ein klares Licht, das ihre Finsternis strafte, aber der Heilige Geist bezeugte diese Gerechtigkeit und zwang sie, zu fühlen, dass Jesus der Heilige sei und seine Sache gerecht. Die durch den Heiligen Geist versiegelte Lehre der Apostel ließ die Welt sehen, was Gerechtigkeit sei, wie sie es nie zuvor gesehen hatte. Ein neuer Maßstab der Sittlichkeit wurde der Welt gegeben und ist nie zurückgenommen worden; er ist da, um zu strafen, wenn nicht zu bessern. Die Welt war damals in die äußerste Tiefe der Laster versunken, sogar ihre guten Männer waren ekelhaft; aber jetzt wurde eine Art von Gerechtigkeit in der Lehre des Herrn Jesus verkündet, und der Geist kam, um das Siegel des göttlichen Beifalls darauf zu drücken, so dass, wenn die Menschen fortfuhren zu sündigen, sie gegen Licht und Erkenntnis handelten, denn sie wussten jetzt, was Gerechtigkeit war, und konnten in diesem Punkt nicht länger irren. Gott war mit den Predigern der neuen Gerechtigkeit und beglaubigte die Sache des Evangeliums durch mannigfache Zeichen und Wunder. Nun, Brüder, auch wir freuen uns dessen, da das Zeugnis der Wahrheit für alle Zeiten ist und wir sicher wissen, dass das Reich, welches unser Herr Jesus unter den Menschen aufgerichtet hat, göttlich bestätigt ist als das Reich der Gerechtigkeit, welches am Ende die Mächte des Bösen zermalmen soll. Wir sind die Diener eines Herrn, dessen Gerechtigkeit durch das persönliche Zeugnis Gottes des Heiligen Geistes den Menschen verkündet wurde. Seid ihr nicht froh, zu einem solchen Dienst angeworben zu sein? O Welt, bist du nicht gestraft, weil du solchem Reich widerstanden hast?

Diese zwölf Fischer hätten nicht aus sich selbst heraus einen neuen Maßstab der Gerechtigkeit bei den Menschen anlegen können; sie hätten nicht auf eigene Faust vor allen Völkern ein höheres Ideal sittlicher Trefflichkeit aufstellen können; aber als die ewige Macht und Majestät der Gottheit für die Gerechtigkeit des Herrn Jesus Gewähr leistete, da wurde die Laufbahn der apostolischen Kirche wie die der Sonne am Himmel. "Ihre Schnur geht aus in alle Lande und ihre Rede an der Welt Ende." Niemand konnte gegen sie standhalten; denn wie die Finsternis flieht und die Fledermäuse und Nachteulen davoneilen, wenn der Morgen anbricht, so floh Heuchelei und Selbstruhm der Menschen, als die Boten der Gnade die Gerechtigkeit Gottes verkündeten.

Auch mussten sie fühlen, dass ein Gericht gekommen war; dass irgendwie das Leben und der Tod Jesu von Nazareth eine Krise in der Weltgeschichte veranlasst und die Wege und Sitten der Ungöttlichen verdammt hatte. Alle Geschichtsschreiber müssen bekennen, dass der Wendepunkt unseres Geschlechts das Kreuz Christi ist. Es würde unmöglich sein, irgendeine andere Angel, um welche die Geschichte sich dreht, zu finden. Von diesem Augenblick an empfing die Macht des Bösen ihre tödliche Wunde. Es stirbt schwer, aber von der Stunde an war es verurteilt. Mit dem Tod unseres Herrn verstummten die heidnischen Orakel. Es waren in der ganzen Welt Orakel gewesen, entweder das Erzeugnis böser Geister oder schlauer Priester; aber nach der christlichen Ära hörte die Welt auf, an diese Stimmen zu glauben, und sie wurden nicht mehr gehört. Falsche Götterlehren, so fest in Vorurteil und Sitte gewurzelt, dass es unmöglich schien, sie jemals zu stürzen, wurden von dem Hauch des Herrn mit den Wurzeln ausgerissen. Die Apostel hätten zu all diesen Lügensystemen sagen können: "Wie eine hängende Wand und eine zerrissene Mauer sollt ihr sein." Die Menschen konnten nicht umhin, zu bemerken, dass der Fürst der Finsternis seine ungeteilte Macht verloren hatte und hinfort mit verhaltenem Odem sprach. Der Frauensame war der alten Schlange gegenübergetreten und hatte in dem Zweikampf einen solchen Sieg davongetragen, dass die Sache des Bösen hinfort hoffnungslos war.

Überdies durchzuckte der Gedanke klarer als je zuvor die Menschheit, dass ein Tag des Gerichts kommen würde. Die Menschen hörten und fühlten die Wahrheit der Warnung, dass Gott am letzten Ende die Welt durch den Menschen Jesus Christus richten würde. Die blassen Gestalten des Rhadamanthus[9] auf einem wolkigen Richterstuhl und von der Versammlung vor seinem Thron und der Menge, die je nach ihrem Leben hienieden geschieden wurde, begannen jetzt eine andere und weit bestimmtere Form anzunehmen. Es wurde auf das Herz der Menschheit geschrieben, dass es ein kräftiges Gericht gibt! Die Menschen werden auferstehen und sollen vor dem Richterstuhl Christi stehen, um Rechenschaft abzulegen von dem, was sie bei Leibesleben getan haben, sei es gut oder böse. Die Welt hörte diese Botschaft, und sie ist niemals vergessen worden. Der Heilige Geist hat die Menschen gestraft durch den Hinblick auf das Gericht.

Der Heilige Geist zeugte für das Leben Christi, für die Lehre der Apostel und all die großen Wahrheiten, die darin enthalten waren; durch die Wunder, die Er tat, und dadurch, dass Er die menschlichen Herzen erleuchtete, erweckte und unterwarf. Fortan wird der Mensch von dem großen Anwalt angeklagt und gestraft; und alle, die im Widerstand gegen den Herrn Jesus verharren, trotzen damit den klarsten Beweisen für seine Sendung. Der, welcher menschliches Zeugnis verwirft, wenn es wahr ist, ist töricht; aber der, welcher das Zeugnis des Heiligen Geistes verachtet, ist profan, denn er beschuldigt den Geist der Wahrheit der Lüge. Möge er sich hüten, dass er nicht so gegen den Heiligen Geist sündigt, dass er unter den schrecklichsten der Flüche kommt, denn es steht geschrieben von dem, der wider den Heiligen Geist redet, dass ihm nie vergeben werden könne.

Brüder, versetzt dies die Apostel nicht in eine ganz andere Lage als die, in der sie zu sein schienen? Wenn wir nach den fünf Sinnen und der fleischlichen Vernunft urteilen, so war ihr Unternehmen abenteuerlich, ihr Erfolg unmöglich. Jedermann würde ihnen gesagt haben: "Geht zu euren Netzen und zu euren Booten zurück. Was könnt ihr gegen das vom Staat anerkannte System des Judaismus in eurem eigenen Land ausrichten? Und wenn das euch zu schwer ist, was werdet ihr in anderen Ländern ausrichten können? Es gibt Völker,

---

[9] In der griechischen Mythologie zeugte Europa Zeus drei Söhne. Einer von ihnen war Rhadamanthus, der zusammen mit Aeacus und Minos zum Richter über die Tote wurde.

die seit Jahrtausenden in ihrer eigenen Gelehrsamkeit unterrichtet werden, und die in allen Künsten und Wissenschaften erfahren sind; sie haben alle Reize der Poesie, der Musik und Bildhauerkunst gebraucht, um ihre abgöttischen Systeme zu unterstützen: ihr seid Toren, zu wähnen, dass ihr ungelehrten und unwissenden Männer je imstande sein werdet, dies alles umzustürzen." Hätte nicht die Klugheit hiermit übereingestimmt? Ja, aber wenn Gott in diesen Männern ist, wenn Er, der in dem Busch zu Horeb wohnte und ihn brennen ließ, ohne dass er verzehrt wurde, in ihnen wohnen will, und jeder von ihnen mit einer feurigen Zunge begabt wird, dann ist es eine ganz andere Sache. Gewiss, Er, der die Welt machte, konnte sie von neuem machen. Er, der sprach: "Es werde Licht, und es ward Licht", konnte dem Licht gebieten, in die sittliche und geistliche Nacht zu scheinen.

So viel über die erste Lesart des Textes. Lasst uns zu dem übergehen, was euch mehr interessieren wird.

Der Heilige Geist sollte die Predigt des Wortes begleiten, *um die Menschen von drei Hauptwahrheiten zu überzeugen.* Dies sollte ein rettendes Wort sein; sie sollten so überzeugt werden, dass sie Buße täten für die Sünde, dass sie die Gerechtigkeit annähmen und sich dem Gericht des Herrn übergäben. Hier sehen wir wie auf einer Karte das Werk des Geistes an den Herzen derer, die zum ewigen Leben verordnet sind, gezeichnet. Diese drei Wirkungen sind alle notwendig, und jede ist im höchsten Grad wichtig für wahre Bekehrung.

Zuerst: Der Heilige Geist ist gekommen, um die Menschen von der Sünde zu überzeugen. Es ist schlechthin notwendig, dass die Menschen von der Sünde überzeugt werden. Die moderne Theologie sagt: "Überzeugt die Menschen von der Güte Gottes; zeigt ihnen die allgemeine Vaterschaft Gottes und versichert sie unbeschränkter Barmherzigkeit. Gewinnt sie durch die Liebe Gottes, aber erwähnt nie seinen Zorn gegen die Sünde oder die Notwendigkeit einer Versöhnung oder die Möglichkeit, dass es einen Ort der Strafe gibt. Tadelt nicht arme Geschöpfe für ihre Mängel. Richtet und verurteilt nicht. Erforscht nicht das Herz und bringt nicht die Leute dahin, niedergeschlagen und traurig zu sein. Tröstet und ermutigt, aber klagt niemanden an und droht nie." Ja, das ist die Weise der Menschen; aber die Weise des Geistes Gottes ist eine ganz andere. Er kommt zu dem Zweck, die Menschen von der Sünde zu überzeugen, sie fühlen zu lassen, dass sie schuldig sind, sehr schuldig - so schuldig, dass sie verloren, dem Untergang und dem Verderben verfallen sind. Er kommt, um sie nicht allein an Gottes Liebenswürdigkeit, sondern auch an ihre eigne Unliebenswürdigkeit, an ihre Feindschaft und an ihren Hass gegen diesen Gott und folglich auch an ihre furchtbare Sünde zu erinnern, der sie sich schuldig machen, indem sie den unendlich Gütigen so schlecht behandeln. Der Heilige Geist kommt nicht, um Sünder behaglich in ihren Sünden zu machen, sondern um ihnen ihre Sünden leid zu machen. Er hilft ihnen nicht, ihre Sünden zu vergessen oder sie gering zu schätzen, sondern Er kommt, um sie von der furchtbaren Größe ihrer Missetat zu überzeugen. Es ist nicht die Aufgabe des Heiligen Geistes, zu pfeifen, während die Menschen tanzen. Er bringt nicht Flöte, Harfe, Geige und alle Art von Musikinstrumenten herbei, um die Ungläubigen in eine gute Meinung von sich selber hinein zu zaubern; sondern Er kommt, damit die Sünde als Sünde erscheine und wir ihre fürchterlichen Folgen wahrnehmen. Er kommt, so zu verwunden, dass kein menschlicher Balsam heilen kann; so zu töten, dass keine irdische Macht uns lebendig machen kann. Die Blumen schmücken die Wiesen, wenn das Gras grün ist; aber siehe, ein sengender Wind kommt von der Wüste und das Gras vertrocknet und die Blume fällt ab. Was ist es, das die Schönheit und Trefflichkeit der menschlichen Gerechtigkeit verdorren macht wie das grüne Gras? Jesaja sagt: "Denn des Herrn Geist bläst darein" (40,7). Es gibt ein versengendes Werk des Geistes, das wir erfahren müssen, sonst werden wir niemals seine belebende und wiederherstellende Macht kennen. Dies Verdorren ist eine sehr nötige Erfahrung, und gerade jetzt ist es sehr nötig, darauf zu bestehen. Heutzutage haben wir so viele, die aufgebaut sind, und nie heruntergerissen waren; so viele gefüllt, die nie geleert waren; so viele erhöht, die nie gedemütigt waren; dass ich euch um so ernstlicher daran erinnere, dass der Heilige Geist uns von der Sünde überzeugen muss, sonst können wir nicht errettet werden.

49

Dieses Werk ist sehr notwendig, weil man ohne dasselbe die Menschen nicht dahin bringen kann, das Evangelium von der Gnade Gottes anzunehmen. Wir können mit einigen Leuten nicht vorwärts kommen, weil sie sehr schnell zu glauben bekennen, aber von nichts überzeugt sind. "O ja, wir sind Sünder, ohne Zweifel, und Christus starb für Sünder." Das ist die leichte, oberflächliche Art, mit der sie die himmlischen Geheimnisse behandeln, als wenn es sinnlose Fibelverse oder Ammenmärchen wären. Dies ist alles Spott, und wir sind dessen müde. Aber kommt einem wirklichen Sünder nahe, so habt ihr einen Mann gefunden, mit dem ihr verhandeln könnt: ich meine den Mann, der ein Sünder ist und sich nicht darüber täuscht und in seiner innersten Seele trauert, dass er es ist. In solche einem Mann findet ihr einen, der das Evangelium, die Gnade und einen Heiland willkommen heißt. Für ihn wird die Botschaft von der Vergebung wie Wasser für eine durstige Seele sein, und die Gnadenlehre wie Honig, der aus der Scheibe tröpfelt. "Ein Sünder", sagt einer unserer Dichter, "ist etwas Heiliges; der Heilige Geist hat ihn dazu gemacht." Ein Scheinsünder ist ein schreckliches Geschöpf; aber ein Mensch, der durch den Geist Gottes wahrhaft von der Sünde überzeugt ist, ist ein Wesen, nach dem man suchen muss wie nach einem Kleinod, das die Krone des Erlösers zieren wird.

Beachtet hier, dass der Geist Gottes kommt, um die Menschen von der Sünde zu überzeugen, weil sie niemals ohne seine göttliche Anwaltschaft davon überzeugt werden. Das Gewissen, welches der Mensch von Natur aus hat, mag, wenn es vom Geist Gottes berührt wird, viel tun, ihm seine Fehler zu zeigen; es kann ihn unruhig machen und kann eine Besserung des Lebens veranlassen; aber nur der Geist Gottes kann den Menschen völlig von der Sünde überzeugen und Buße, Verzweifeln am eigenen Selbst und Glauben an Jesus hervorbringen. Denn was ist die Sünde, deren ihr und ich schuldig sind? Ach, Brüder, es wäre nicht leicht zu sagen; aber dies weiß ich, dass wir die Ausdehnung der Sünde niemals kennen, bis der Heilige Geist uns die geheimen Kammern der Greuel im Herzen offenbart. Wir tun tausend Dinge, ohne zu wissen, dass sie Sünde sind, bis der Geist Gottes uns erleuchtet und ein Verlangen nach Heiligkeit in uns weckt. Welcher natürliche Mensch klagt zum Beispiel je über schlechte Gedanken oder Wünsche oder über Vorstellungen, die seine Seele durchkreuzen? Doch sind dies Sünden, und zwar Sünden, die einem begnadigten Herzen den größten Kummer verursachen. Wenn wir nie tatsächlich Böses begingen, aber es zu tun wünschten, so hätten wir schon gesündigt; und wenn wir Vergnügen bei dem Gedanken an Böses empfinden, so haben wir gesündigt. Dieses Gift ist in unserer Natur und zeigt sich in tausend Weisen. Die Tatsache, dass wir nicht nur sündigen, sondern von Natur aus sündig sind, ist eine, wogegen unser Stolz sich bäumt, und wir werden sie nicht lernen, bis der Geist Gottes sie uns lehrt. Ebenso wenig kennt ein Mensch die überaus große Sündigkeit der Sünde, bis der Heilige Geist Licht auf die dunkle Masse fallen lässt. Jede Sünde ist sozusagen ein Angriff auf den Thron, die Ehre und das Leben Gottes. Die Sünde würde den Höchsten entthronen und Ihn vernichten, wenn sie könnte; aber die Menschen sehen dies nicht. Sie reden sehr leicht von der Sünde und wissen nicht, dass sie Feuerbrände und Tod verbreitet. Ich sage euch, wenn der Geist Gottes einen Menschen die Sünde sehen lässt in ihrer nackten Missgestalt, so entsetzt er sich. Als ich die Grässlichkeit der Sünde sah oder zu sehen meinte, da war sie unerträglich, und ich hatte keine Ruhe in meinem Geist. Einen ähnlichen Anblick müssen wir alle haben, sonst werden wir uns nie an den Herrn Jesus wenden, dass Er unsere Sünden wegnimmt. Es ist nicht wahrscheinlich, dass andere als die, deren Wunden schmerzen, um den himmlischen Balsam bitten werden.

Der Heilige Geist verweilt bei einem Punkt besonders: "um die Sünde, dass sie nicht glauben an mich". Niemand sieht die Sünde des Unglaubens, ausgenommen bei seinem Licht. Denn ein Mensch denkt: "Nun, wenn ich nicht an Christus geglaubt habe, so ist das vielleicht zu bedauern; aber ich war doch nie ein Dieb oder Lügner oder Trunkenbold oder Unkeuscher. Der Unglaube ist etwas, was nicht viel zu bedeuten hat, ich kann das jederzeit in Ordnung bringen." Aber der Heilige Geist zeigt dem Menschen, dass er eine schwere, verdammende Sünde ist, denn wer nicht glaubt, der macht Gott zu einem Lügner; und was kann abscheulicher sein als das? Wer nicht an Christus glaubt, der hat Gottes Barmherzigkeit verworfen, und der größten Erweisung der Liebe Gottes Trotz geboten; er hat Gottes unaussprechliche Gabe verachtet und das Blut Christi mit Füßen getreten. Hierin hat er Gottes Ehre an einem sehr zarten Punkt verletzt; hat Ihn in seinem eingeborenen Sohn beschimpft. Wie wünsche ich, dass der Geist Gottes auf die Ungläubigen hier kommen möge und sie sehen lasse, wer sie sind und wo sie sind in Bezug auf den einzigen und alleinigen Heiland. "Wie wollen sie entfliehen, so sie eine solche Seligkeit nicht achten?" Es wird nichts ausmachen, wie schwach ich auch heute morgen rede, wenn der Geist Gottes nur durch die Wahrheit wirken will, so werdet ihr die Größe eures Verbrechens wahrnehmen und nicht mehr ruhen, bis ihr an den Herrn Jesus geglaubt und Vergebung für eure große Sünde gegen das blutende Lamm gefunden habt. So weit über das erste Werk des Heiligen Geistes.

Sein nächstes ist, die Menschen von der Gerechtigkeit zu überzeugen; das heißt mit evangelischen Worten: ihnen zu zeigen, dass sie keine eigene Gerechtigkeit und keine Mittel haben, gerecht zu werden, und dass sie ohne die Gnade Gottes verdammt sein würden. So führt Er sie dahin, die Gerechtigkeit Gottes zu schätzen, die allen zuteil wird, die glauben; eine Gerechtigkeit, die ihre Sünde bedeckt und sie vor Gott angenehm macht.

Leiht mir einen Augenblick euer Ohr, während ich eure Aufmerksamkeit auf ein großes Wunder lenke. Bei den Menschen ist, wenn jemand eines Unrechts überführt ist, der nächste Schritt das Gericht. Ein junger Mann zum Beispiel hat im Dienst seines Prinzipals Geld veruntreut: er ist vor Gericht des Diebstahls überführt und schuldig gefunden. Was folgt nun? Das Urteil wird gesprochen, und er muss Strafe leiden. Aber beachtet, wie unser gnädiger Gott ein anderes Verfahren einschlägt. Wahrlich, seine Wege sind nicht unsere Wege! "Er wird überzeugen von der Sünde." Der nächste Schritt würde das Gericht sein; aber nein, der Herr schiebt einen bis dahin unbekannten Ausdruck ein und überzeugt von der "Gerechtigkeit". Staunt hierüber. Der Herr nimmt einen Menschen, selbst wenn er sündig und sich dieser Sünde bewusst ist, und macht ihn auf der Stelle gerecht, indem er seine Sünde hinwegtut und ihn durch die Gerechtigkeit des Glaubens rechtfertigt, eine Gerechtigkeit, die ihm durch die Würdigkeit eines anderen, der sie für ihn erworben hat, zuteil wird. Kann das sein? Brüder, dies scheint etwas so Unmögliches, dass es des Geistes Gottes bedarf, um die Menschen davon zu überzeugen. Jetzt kann ich euch den großen Plan darstellen, wodurch der Herr Jesus uns von Gott zur Gerechtigkeit gemacht ist; ich könnte euch zeigen, wie der Sohn Gottes Mensch wurde, damit Er vollständig für uns das Gesetz Gottes erfüllte, und dass Er, nachdem Er dieses getan und seinen leidenden Gehorsam mit seinem tätigen Dienst verbunden hatte, seinem Vater eine vollständige Genugtuung für die Verletzung des Gesetzes darbrachte, so dass jeder, der an Ihn glaubt, von der Verdammnis befreit und "angenehm in dem Geliebten" gemacht werden soll. Ich könnte euch auch sagen, wie die Gerechtigkeit Christi auf unsere Rechnung gesetzt wird, so dass der Glaube uns zur Gerechtigkeit gerechnet wird, eben wie es bei dem gläubigen Abraham der Fall war. Dennoch wird all meine Arbeit vergeblich sein, bis der Geist es deutlich macht. Viele hören die frohe Botschaft; aber sie nehmen die Wahrheit nicht an, denn sie sind nicht davon überzeugt. Sie müssen überredet werden, ehe sie dieselbe aufnehmen, und diese Überredung steht nicht in meiner Macht. Hörte ich jemand bemerken: "Ich kann diesen Weg der Gerechtigkeit nicht sehen?" Ich antworte: "Nein, und du wirst es nie, bis der Geist Gottes dich davon überzeugt."

Beachtet wohl den wichtigen Punkt in der Beweisführung des Geistes: "Um die Gerechtigkeit aber, dass ich zum Vater gehe und ihr mich hinfort nicht seht." Unser Herr war in die Welt gesandt, um eine Gerechtigkeit zu erwerben, und hier sagt Er: "Ich gehe"; aber Er ging, nicht ehe Er sein Werk getan hatte. Er sagt auch: "Ich gehe zum Vater"; aber Er ging nicht zurück zum Vater, ehe Er seine Bundesverpflichtungen erfüllt. "Ich gehe zum Vater"; das heißt, ich gehe, einen Lohn zu erhalten und auf meines Vaters Thron zu sitzen. Er hätte nicht diese Herrlichkeit empfangen können, wenn Er nicht das Ihm zugewiesene Werk vollendet hätte. Seht also, Christus hat eine Gerechtigkeit vollendet, die allen Gläubigen freigegeben wird; und alle die, welche Christus vertrauen, werden um seinetwillen als gerecht vor Gott betrachtet und sind in der Tat gerecht, so dass Paulus sagt: "Wer will verdammen?" Sein Grund, weshalb er dies fragt, ist derselbe, den der Geist in meinem Text gebraucht. Er sagt: "Christus ist hier, der gestorben ist, ja vielmehr, der auch auferweckt ist, welcher ist zur Rechten Gottes ist und uns vertritt." Er führt, wie der Heilige Geist es tut, die Auferstehung, die Himmelfahrt und das Sitzen zur Rechten Gottes als einen bestimmten Beweis dafür an, dass eine vollkommene Gerechtigkeit für alle gläubigen Sünder da ist. Ich weiß, dass viele sagen werden: "Dies heißt Leute gerecht machen, die nicht gerecht sind", und deshalb werden sie viele Einwürfe erheben. Gerade so! Das ist der Ruhm Gottes, dass Er die Gottlosen gerecht macht und die Sünder durch Christus errettet. "Wohl dem Menschen, dem der Herr die Missetat nicht zurechnet." "Ich sehe das nicht ein", ruft einer. Und unsere Antwort ist: "Wir wissen, dass du das nicht tust, wir sind nicht im Geringsten überrascht, dass du unser Zeugnis verwirfst, wir erwarteten nie, dass du es annehmen würdest, bis der Arm des Herrn offenbar würde und der Heilige Geist dich von der Gerechtigkeit überzeugte." Niemand kommt zu Christus, der nicht von dem Vater gezogen und von dem Heiligen Geist erleuchtet wird; aber wenn der Heilige Geist dich überzeugt, so werden wir dich bald singen hören:

> *"Christi Blut und Gerechtigkeit,*
> *Das ist mein Schmuck und Ehrenkleid,*
> *Damit will ich vor Gott besteh'n,*
> *Wenn ich zum Himmel werd' eingeh'n."*

Liebe Kinder Gottes, betet sehr, dass der Heilige Geist jetzt sofort Ungläubige überzeuge, dass die einzige wahre Gerechtigkeit für sterbliche Menschen diejenige ist, die nicht aus den Werken des Gesetzes kommt, sondern durch die Predigt vom Glauben.

Aber dann kommt ein dritter Punkt: Der Geist Gottes soll die Menschen vom Gericht überzeugen. Wem ist das Gericht übergeben? "Der Vater hat alles Gericht dem Sohn übergeben." Der wahrhaft Bußfertige fühlt, dass es ihm nichts nützen würde, wenn ihm auch alle seine Sünden vergeben wären, solange er sich noch in der Sünde wälzt. Er fühlt, dass der große Feind seiner Seele entthront sein muss, sonst wird ihm die Vergebung selber keine Ruhe des Herzens bringen. Er muss sowohl von der Macht der Sünde als auch von ihrer Schuld errettet werden, sonst bleibt er in der Knechtschaft. Er muss sehen, wie die Macht des Bösen vor dem Herrn zerstört wird, wie Samuel vorzeiten den Agag in Stücke hieb. Hör zu, du Beunruhigter! Du sollst in Freiheit gesetzt werden, denn „der Fürst dieser Welt ist gerichtet". Jesus kam, die Werke des Teufels zu zerstören; und am Kreuz richtete unser Erlöser den Satan, überwand ihn und warf ihn nieder. Er ist jetzt ein verurteilter Verbrecher, ein besiegter Empörer. Seine Herrschaft über alle Gläubigen ist gebrochen. Er hat grossen Zorn, weil er weiss, dass er wenig Zeit hat, aber dieser Zorn wird in Schranken gehalten durch seinen Überwinder. In seinem Leiden kämpfte unser Herr mit dem Satan Mann gegen Mann und überwand ihn und hat die Fürstentümer und die Gewaltigen ausgezogen und sie öffentlich zur Schau getragen und einen Triumph aus ihnen gemacht durch sich selbst. Glaubst du dies? Möge der Geist Gottes dich davon überzeugen! O geprüfter Gläubiger, der Herr Jesus besiegte den Teufel für dich,. Er zermalmte die Macht der Finsternis für dich; und wenn du an Ihn glaubst, wirst du die Macht des Bösen in dir entthront sehen. Du sollst überwinden durch das Blut des Lammes. Wiederum frage ich , glaubst du dies? Christus ist uns von Gott zur Heiligung gemacht; Er errettet sein Volk von ihren Sünden; Er macht sie heilig und zermalmt so ihren Feind. Obgleich es dich manchen Kampf kosten und der perlende Schweiss in der Stunde der Versuchung auf deiner Stirn stehen mag, wenn du fürchtest, dass du von der Heiligkeit abfallen könntest, so wird der Herr doch den Satan unter deine Füsse zertreten, denn Er hat ihn schon unter seine eigenen Füsse für dich getreten. Der Geist Gottes ist nötig, um unsere ungläubigen Herzen zu überzeugen, dass es so ist. Die meisten wähnen, dass sie die Sünde durch ihre eigne Kraft überwinden müssen. Ach, der starke Gewappnete behauptet immer noch das Haus gegen unsere Schwäche. Du hast ein schönes Stück Arbeit vor dir, wenn du in eigener Kraft diesen Kampf wagst. Ich kann den Teufel eben jetzt über dich lachen hören. Dieser Leviathan kann nicht durch dich gezähmt werden. Hiob würde sagen:

„Kannst du mit ihm spielen wie mit einem Vogel?"[10] Meinst du, der Teufel sei so leicht zu lenken, wie eine Frau ihren Lieblingsvogel auf dem Finger trägt und ihn an ihre Lippen bringt, um ein Samenkorn aufzupicken? Kannst du den Leviathan ziehen mit dem Fangnetz? Meinst du, dass er einen Bund mit dir machen werde, dass du ihn immer zum Knecht haben wirst? Deine Pfeile werden ihn nicht verjagen, dein Schwert nicht verwunden. „Wenn du deine Hand an ihn legst, so gedenke, dass es ein Streit sei, dem du nicht ausführen wirst." Eine göttliche Macht ist nötig, und diese Macht ist bereit, sich zu betätigen, wenn sie demütig gesucht wird.

Viele, die von der Gerechtigkeit Christi überzeugt sind, sind noch nicht völlig überzeugt, dass das Böse gerichtet, verurteilt und niedergeworfen ist. Sie werden von der Furcht verfolgt, dass sie doch noch umkommen werden von der Hand des Feindes. O, mein Bruder, sieh, wie notwendig der Heilige Geist ist, um in deinem Herzen die Sache Gottes und der Wahrheit zu vertreten, und dir den Glauben zu geben, dass der Herr Jesus die höchste Gewalt über jeden Feind hat. Ich treffe zuweilen einen christlichen Bruder an, der mir sagt, dass die Welt ganz schlecht, das Evangelium vollständig überwunden wurde, und Christus in die Flucht geschlagen werde; der Teufel, sagt er, schwenkt die schwarze Fahne und ruft: Sieg! Ich weiß, wie schrecklich der Kampf ist, aber ich glaube, dass mein Herr Jesus das ganze Reich des Bösen gerichtet hat, und darum sehe ich Satan wie einen Blitz vom Himmel fallen. Unser Herr muss herrschen. Seine Feinde müssen den Staub lecken. Wir sollen die gefallenen Engel an dem letzten großen Tag richten, und mittlerweile ist es ein gläubiges Leben, ein Leben des Triumphs über den Erzfeind. In der Kraft des Geistes wird es sich erweisen, dass Wahrheit mächtiger ist als Irrtum, Liebe stärker als Hass und Heiligkeit erhabener als Sünde; denn Er siegt mit seiner Rechten und mit seinem heiligen Arm. Seht jetzt, wie der gen Himmel gefahrene Heiland das Gefängnis gefangen führt. Seht, wie Er von Edom kommt mit rötlichen Kleidern von Basra,

---

[10] Spurgeon zitiert hier Hiob 40,29. Hiob 40,25-41,26 schildert den Leviathan, drachenartiges Ungeheuer, nach der Art eines Krokodils.

denn Er hat Sünde und Hölle in der Kelter getreten, und nun tritt Er einher in seiner großen Kraft, lehrt Gerechtigkeit und ist ein Meister zu helfen.

Ich will den Boden noch einmal beschauen, daß wir auch wirklich Nichts übersehen. Meine lieben Freunde, die von uns, die schon gerettet sind, brauchen den Heiligen Geist täglich, damit er uns unserer Sünden überführt. Möge der Heilige Geist und eine Lage der Sünde nach der anderen zeigen, dass wir sie entfernen aus unserem Leben. Und möge er uns im Besonderen die Sünde des Unglaubens aufdecken, dass wir nicht an Christus glauben, denn selbst wir haben unsere Zweifel und Ängste.

Nach einer Predigt über die Sünde ruft das arme Gotteskind aus: "Ich wage nicht zu glauben. Ich fürchte, ich werde am Ende doch verloren gehen." Dieser Unglaube ist eine andere Sünde. Sonderbare Weise, der Sünde zu entfliehen, indem man sich in sie hineinstürzt!

An dem Herrn zweifeln, heißt Sünde zu Sünde hinzufügen. Keine Sünde ist verderblicher als die Sünde des Nichtglaubens. Jedes Mal, wenn unser Herz dem Herrn misstraut, betrüben wir seinen Geist; deshalb haben wir stets den Heiligen Geist nötig, um uns von dieser bösen und bitteren Sache zu. überzeugen und uns dahin zu bringen, dass wir Ihm in kindlicher Weise vertrauen. Jedes Misstrauen in die Verheißung Gottes, jede Furcht, dass Gott uns im Stich lasse, jeder Gedanke an Untreue von seiner Seite ist ein Verbrechen gegen die Ehre der göttlichen Majestät. O, überzeugender Geist, wohne in mir von Tag zu Tag, überzeuge mich von der Sünde und lass mich besonders fühlen, dass das schlimmste aller Übel das ist, an meinem treuen Freund zu zweifeln.

Möchte auch immer der Geist Gottes in euch wohnen und euch von der Gerechtigkeit überzeugen. Mögen diejenigen von euch, die in der Tat Gläubige sind, es nie in Frage stellen, dass sie vor Gott gerecht sind. Wir, die wir glauben, sind zur Gerechtigkeit Gottes in Jesus Christus gemacht; sind wir dessen gewiss? Wenn das, so denkt und redet nicht, als wenn ihr immer noch unter dem Fluch des Gesetzes wäret, denn ihr seid nicht mehr in dieser Lage. "Nun wir denn sind gerecht geworden durch den Glauben, so haben wir Frieden mit Gott durch unseren Herrn Jesus Christus." "Also ist jetzt keine Verdammnis für die, welche in Jesus Christus sind." O, möge der Geist Gottes euch jeden Tag davon überzeugen; und euch aus dem Grund davon überzeugen, dass Jesus droben zu seines Vaters Rechten herrscht. Der Anteil jedes Gläubigen an seinem Herrn ist klar und sicher. Wenn Jesus da ist, bin ich da. Wenn der Vater Ihn angenommen hat, so hat Er mich angenommen. Versteht ihr diese Logik? Ihr seid in Christus, ihr seid eins mit Ihm; wie Er ist, so seid ihr in Ihm. Haltet die Tatsache fest, dass ihr nicht verdammt seid. Wie könnt ihr es sein? Ihr seid zur Rechten Gottes in Christus. Ihr verdammt? Wie? Ihr seid "angenommen in dem Geliebten", denn euer Vertreter ist von Gott angenommen und sitzt auf seinem Thron. Jesus ist erhöht, nicht für sich selbst allein, sondern für alle die, welche an Ihn glauben. Möge der Heilige Geist euch völlig von dieser großen Wahrheit überzeugen.

Und danach möge Er euch vom Gericht überzeugen - nämlich, dass ihr gerichtet worden seid und euer Feind gerichtet und verurteilt ist. Der Tag des Gerichts ist nicht etwas, was ein Gläubiger fürchten sollte. Wir haben unser Verhör überstanden und sind freigesprochen. Unser Stellvertreter hat die Strafe der Sünde getragen. Unsere Strafe ist vorüber, denn Jesus hat sie getragen: Er wurde unter die Übeltäter gerechnet. Es gibt jetzt keinen Fluch für uns; es kann keinen geben; Himmel, Erde und Hölle können keinen Fluch für die finden, welche Gott gesegnet hat, da der Herr Jesus "für uns zum Fluch gemacht war". Möge der Geist Gottes von neuem auf euch kommen, meine Lieben, und euch zuversichtlich und freudig in Ihm machen, welcher "der Herr unserer Gerechtigkeit" ist, durch den das Böse ein für allemal gerichtet worden ist.

Zuletzt lasst uns unseren Text lesen, indem wir ihn mit "überführen" wiedergeben. ***Der Geist Gottes wird die Welt überführen*** von der Sünde, von der Gerechtigkeit und von dem Gericht." Hier ist die Welt, sie steht als Gefangene vor den Schranken des Gerichts, und die Anklage lautet, dass sie voller Sünde ist und gewesen ist. Vor Gericht werdet ihr oft überrascht von dem, was heraus kommt. Ihr blickt auf den Gefangenen, und er scheint ein ruhiger, respektabler Mann zu sein, und ihr sagt: "Ich kann kaum glauben, dass der schuldig ist." Aber der Anwalt, der die Sache der Gerechtigkeit zu führen hat, steht auf und führt die Anklagepunkte der Reihe nach an; und ihr ändert rasch eure Ansicht, bis ihr zuletzt beim weiteren Fortgang der Rede zu euch sagt: "Das ist ein Schurke, wenn es je einen gab." Nun hört den Geist Gottes. Der Geist kam in die Welt, damit alle Menschen wissen möchten, dass Jesus der Christ ist, und Er bezeugte dies durch Wunder, die nicht bezweifelt werden konnten, Wunder ohne Zahl; Er hat außerdem die Wahrheit des Evangeliums durch die Bekehrung von Myriaden bezeugt, deren glückliches und heiliges Leben ein Beweis gewesen ist, dass Jesus Christus in Wahrheit von Gott gesandt war. Aber was tat diese gottlose Welt mit Christus? Sie gab Ihm den Tod eines Verbrechers: sie nagelte Ihn ans Kreuz. Hierdurch ist die Welt verurteilt! Wir brauchen keinen weiteren Beweis. Die Welt ist überführt, selbst-verurteilt durch das Töten dessen, der die menschgewordene Güte und grenzenlose Liebe war. Die Welt ist schlecht genug, um zu wünschen, dass sie ihren Gott töten könnte, selbst wenn Er mit einer Botschaft der Liebe kommt. Führt die Angeklagten hinweg! Die Schuld der Welt ist zweifellos bewiesen. Der Zorn Gottes bleibt über ihr.

Was folgt hierauf? Die Sache wird von einem anderen Gesichtspunkt angesehen. Die Welt hat erklärt, dass das Evangelium nicht gerecht ist, dass die Lehre, die unser Herr gebracht hat, nicht wahr ist. Bis auf diesen Tag erhebt die Welt beständig Einwürfe, versucht die Gläubigen in Verwirrung zu bringen und womöglich unserer heiligen Sache eine Niederlage zu bereiten. Aber der Geist Gottes beweist durch seine Lehren, dass das Evangelium voll Gerechtigkeit ist; und alle seine Wirkungen durch das Wort beweisen, dass das Evangelium heilig, gerecht und gut ist und darauf abzielt, die Menschen rein, gottesfürchtig, friedlich und heilig zu machen. Indem Er die Menschen durch das Evangelium heiligt, so dass sie ein frommes Leben führen, beweist der Heilige Geist, dass das Evangelium gerecht ist. Dieser Beweis wird immer vollständiger im Verlauf der

Zeit. Wäre die Welt nicht ungerecht, so würde sie schon lange der heiligen Botschaft und ihrem heiligen Boten Gehör gegeben haben. Aber sie wird eines Tages die Wahrheit anerkennen müssen. Der Heilige Geist lässt die Welt wissen, dass Christus gerecht ist, indem Er ihr die Wahrheit ins Angesicht blitzen lässt, dass Jesus gegangen ist - in die Herrlichkeit hinauf, zur Rechten Gottes - und dies hätte Er nicht können, wäre Er nicht der Gerechte gewesen.

Wenn die Welt am letzten Ende Jesus auf dem Thron erblicken und die ganze Menschheit den Menschensohn in den Wolken des Himmels kommen sehen wird, welche Überzeugung wird sich jeder Seele bemächtigen! Da werden dann keine Agnostiker sein! Kein Skeptiker wird an jenem Tag gefunden werden! Christus zur Rechten des Vaters gesehen, das wird allem Unglauben ein Ende machen!

Und dann wird der Geist Gottes die Menschen das Gericht sehen lassen. Ehe der Tag wirklich kommt, werden sie wahrnehmen, dass Christus, da Er den Teufel gerichtet, ihn von seinem hohem Platze heruntergeworfen, und seine Macht über die Welt schon gebrochen hat, sicherlich alle schlagen wird, die im Reich des Satans sind, und nicht einem gestatten, zu entrinnen. Die Sache des Bösen ist gerichtet und hoffnungslos. O, wie wird der Geist Gottes die Menschen am Jüngsten Tag überführen, wenn sie den Richter sagen hören: "Kommt her, ihr Gesegneten meines Vaters", oder: "Geht weg von mir, ihr Verfluchten, in das ewige Feuer."

Männer und Brüder, wollt ihr jetzt von dem Heiligen Geist überzeugt werden oder wollt ihr bis dahin warten? Soll es die Überzeugung der Gnade oder die Überzeugung des Zorns sein? Der Geist zeugt stets noch mit uns, die wir das Evangelium predigen; und wollt ihr diesem Evangelium Gehör geben und es jetzt glauben? Oder wollt ihr bis zu den Flammen des letzten furchtbaren Tages warten? Was soll es sein? Mir ist, ich höre euch sagen: "Das Evangelium ist wahr." Warum glaubt ihr es dann nicht? Wenn ihr "die Sünde" bekennt, warum lasst ihr euch dann nicht davon waschen? Wenn es "Gerechtigkeit" gibt, warum sucht ihr sie nicht? Wenn es ein "Gericht" gibt, warum sucht ihr nicht so gereinigt zu werden, dass ihr euch nicht davor zu fürchten braucht? O, die meisten Menschen handeln, als wenn sie geborene Narren wären. Wenn sie krank wären und wir eine sichere Arznei für sie hätten, so würden sie sich zu uns drängen. Wenn sie arm wären und wir ihnen Geld brächten, so würden sie uns niedertreten in ihrer Hast, den Reichtum zu ergreifen. Aber wenn Christus, das göttliche Heilmittel für die Sünde, zu haben ist, Christus als die vollkommene Gerechtigkeit, Christus, in dem sie an dem letzten furchtbaren Tag gesichert sein werden, dann wenden sie dem himmlischen Gut den Rücken zu. O, Geist Gottes, gewinne diese Wahnwitzigen; bring diese Narren zurück und mach sie vernünftig und weise, um Christi Jesu willen. Amen.

DAS GESETZ UND DIE GNADE[11]

"Das Gesetz aber ist neben eingekommen, auf dass die Sünde
mächtiger würde. Wo aber die Sünde mächtig geworden ist,
da ist doch die Gnade viel mächtiger geworden."

Römer 5,20

Es gibt keinen Punkt, über den die Menschen sich mehr im Irrtum befinden, als über das Verhältnis zwischen dem Gesetz und dem Evangelium. Einige stellen das Gesetz an die Stelle des Evangeliums; andere stellen das Evangelium an die Stelle des Gesetzes; einige modifizieren Gesetz und Evangelium und predigen weder das Gesetz noch das Evangelium; und andere tun das Gesetz ganz ab, indem sie das Evangelium predigen. Viele gibt es, die da meinen, das Gesetz sei das Evangelium, und die lehren, dass die Menschen durch Werke der Mildtätigkeit, Ehrlichkeit, Gerechtigkeit und Mäßigkeit errettet werden können. Solche Menschen irren. Auf der anderen Seite lehren viele, dass das Evangelium ein Gesetz ist, dass die Menschen, wenn sie gewissenhaft, den darin enthaltenen Geboten gehorchen, auf verdienstliche Weise errettet werden; solche Menschen irren von der Wahrheit ab und verstehen sie nicht. Eine gewisse Klasse behauptet, dass das Gesetz und das Evangelium miteinander vermischt sind und dass die Menschen teils durch Beobachtung des Gesetzes und teils durch Gottes Gnade errettet werden. Diese Männer verstehen nicht die Wahrheit und sind falsche Lehrer.

Heute will ich mit Gottes Hilfe versuchen euch zu zeigen, was die Absicht des Gesetzes ist, und dann, was der Zweck des Evangeliums ist. Bezüglich der Absicht bei dem Kommen des Gesetzes wird

---

[11]Gehalten am Sonntagmorgen, den 26. August 1855, in New Park Street Chapel, Southwark.

gesagt: "Das Gesetz aber ist neben eingekommen, auf dass die Sünde mächtiger würde." Dann kommt die Mission des Evangeliums: "Wo aber die Sünde mächtig geworden ist, da ist doch die Gnade viel mächtiger geworden." Ich will diesen Text in zweifachem Sinn betrachten. Zuerst mit Rücksicht auf die Welt im allgemeinen und das Eintreten des Gesetzes in dieselbe; und zweitens in seiner Beziehung auf das Herz des überführten Sünders und das Hineinkommen des Gesetzes in das Gewissen.

Zuerst werden wir von dem Text sprechen in seiner Beziehung zu der Welt. **Der Zweck Gottes bei der Sendung des Gesetzes** in die Welt war, "dass die Sünde mächtiger würde". Aber dann kommt das Evangelium, denn "wo aber die Sünde mächtig geworden ist, da ist doch die Gnade viel mächtiger geworden." Zuerst also mit Rücksicht auf die ganze Welt. Gott sandte das Gesetz in die Welt, "auf dass die Sünde mächtiger würde."

Es war Sünde in der Welt lange, ehe Gott das Gesetz sandte. Gott gab sein Gesetz, damit die Sünde als Sünde gesehen würde; ja, damit die Sünde mächtiger würde, viel mehr als sie es ohne das Kommen desselben hätte werden können. Es war Sünde da, lange ehe der Sinai rauchte; lange ehe der Berg unter dem Gewicht der Gottheit zitterte und die furchtbare Posaune laut und stark ertönte, war Übertretung da gewesen. Und wo das Gesetz nie gehört worden ist, in heidnischen Ländern, wo dieses Wort nie erschallte, ist doch Sünde - weil die Menschen, obwohl sie nicht gegen ds Gesetz sündigen können, das sie nie gesehen haben, sich dennoch alle gegen das Licht der Natur empören können, gegen die Aussprüche des Gewissens, gegen jene überlieferte Erinnerung an Recht und Unrecht, die der Menschenheit von der Stelle, wo Gott sie erschuf, gefolgt ist. Alle Menschen in jedem Land haben ein Gewissen, und darum können alle Menschen sündigen.Der unwissende Hottentotte, der nie etwas von einem Gott gehört hat, besitzt gerade so viel von dem Licht der Natur, dass er in den dingen, die äusserlich gut oder schlecht sind, den Unterschied wahrnehmen kann; und obgleich er törichterweise vor Stöcken und Steinen sich niederbeugt, hat er doch ein Urteil, das ihn, wenn er es gebrauchte, eines Bessern belehren würde. Wenn er seine Gaben gebrauchen wollte, könnte er wissen, dass es einen Gott gibt, denn der Apostel erklärt deutlich, wenn er von denen spricht, die nur das Licht der Natur haben, dass „Gottes unsichtbares Wesen, das ist seine ewige Kraft und Gottheit, wird ersehen, so man dass wahrnimmt an den Werken, nämlich an der Schöpfung der Welt; so dass sie keine Entschuldigung haben" (Röm 1,20) Ohne eine göttliche Offenbarung können die Menschen sündigen, und sehr sündigen - Gewissen, Natur, Überlieferung und Vernunft, jedes von diesen ist genügend, sie für ihr Brechen der Gebote zu verdammen.

Das Gesetz macht niemanden zum Sünder; alle Menschen sind solche in Adam, und waren es tatsächlich vor Einführung des Gesetzes. Es kam, „auf dass die Sünde mächtiger würde". Nun scheint dies beim ersten Anblick ein sehr schrecklicher Gedanke, und viele Prediger würden diesen Text ganz vermieden haben. Aber wenn ich einen Vers finde, den ich nicht verstehe, so denke ich gewöhnlich, das ist ein Spruch, den ich studieren sollte; und ich versuche ihn zu erforschen vor meinem himmlischen Vater, und dann, wenn Er ihn meiner Seele eröffnet hat, so halte ich es für meine Pflicht, dies mit Hilfe des Heiligen Geistes euch mitzuteilen. „Das Gesetz ist neben eingekommen, auf dass die Sünde mächtiger würde." Ich will versuchen euch zu zeigen, wie das Gesetz die Sünde „mächtiger" macht.

Zuallererst sagt uns das Gesetz, dass vieles Sünde ist, das wir ohne dieses hinzugekommene Licht niemals dafür gehalten haben würden. Selbst mit dem Licht der Natur und dem Licht des Gewissens und dem Licht der Überlieferung gibt es einige Dinge, die wir nie für Sünden gehalten haben würden, wenn das Gesetz es uns nicht gelehrt hätte. Welcher Mensch würde zum Beispiel nach dem Licht des Gewissens den Sabbattag heilig halten, gesetzt, er hätte nie die Bibel gelesen und nie davon gehört? Wenn er auf einer Südseeinsel lebte, so möchte er wissen, dass es einen Gott gibt, aber unmöglich könnte er herausfinden, dass der siebte Teil seiner Zeit für diesen Gott abgesondert werden sollte. Wir finden, dass es bei den Heiden gewisse Feste und Feierzeiten gibt, und dass sie zu Ehren ihrer eingebildeten Götter Tage aussondern; aber ich möchte wissen, wo sie hätten entdecken können, dass ein gewisser siebter Tag für Gott abgesondert werden sollte, damit dieser Tag in seinem Gebetshaus zugebracht würde. Wie konnten sie das, wenn nicht vielleicht durch die Überlieferung die Tatsache von der ursprünglichen Weihe dieses Tages durch den schaffenden Jehova ihnen übermittelt war. Ich kann es mir nicht denken, dass das Gewissen oder die Vernunft sie ein solches Gebot gelehrt hätte wie dieses: "Gedenke des Sabbattages, dass du ihn heiligst. Sechs Tage sollst du arbeiten und alle deine Dinge beschicken; aber am siebten Tag ist der Sabbat des Herrn deines Gottes. Da sollst du kein Werk tun, noch dein Sohn, noch deine Tochter, noch dein Knecht, noch deine Magd, noch dein Vieh, noch dein Fremdling, der in deinen Toren ist." Überdies, wenn wir in dem Ausdruck "Gesetz" das zeremonielle Ritual mit einbegreifen, so können wir deutlich sehen, dass viele Dinge, die scheinbar ganz gleichgültig sind, dadurch zu Sünden gemacht wurden. Das Essen von Tieren, die nicht wiederkäuen und nicht die Klauen spalten, das Tragen von Kleidern, die aus Leinen und Wolle gemengt sind, das Sitzen auf einem Lager, das durch einen Aussätzigen verunreinigt war - mit tausend anderen Dingen: In all diesen scheint keine Sünde zu sein, aber das Gesetz machte sie zu Sünden, und so geschah es, dass die Sünde mächtig wurde.

Es ist eine Tatsache, die ihr wahrnehmen könnt, wenn ihr euer eigenes Gemüt beobachtet, dass das Gesetz eine Tendenz hat, die Menschen aufrührerisch zu machen. Die menschliche Natur lehnt sich gegen Einschränkung auf. Ich wusste nichts von der Lust, wo das Gesetz nicht gesagt hätte: "Lass dich nicht gelüsten." Die Verderbtheit des Menschen wird zur Empörung gereizt durch die Erlassung von Gesetzen. So böse sind wir, dass sofort der Wunsch in uns entsteht, eine Tat zu tun, einfach, weil sie verboten ist. Kinder, wissen wir alle, wünschen in der Regel immer das, was sie nicht haben dürfen, und wenn es ihnen verboten wird, etwas anzurühren, so werden sie es entweder tun, wenn die Gelegenheit sich bietet, oder sich sehnen, es tun zu können. Denselben Hang kann jeder Kenner der menschlichen Natur in der Menschheit im allgemeinen wahrnehmen. Ist denn dem Gesetz meine Sünde zur Last zu legen? Gott behüte. "Da nahm aber die Sünde Ursache am Gebot und erregte in mir allerlei Lust. Denn die Sünde nahm Ursache am Gebot und betrog mich und tötete mich durch dieses Gebot" (Röm 7,8.11). "Das Gesetz ist heilig und gerecht und gut", es ist nicht fehlerhaft, aber die Sünde gebraucht es als eine Ursache zur Übertretung und empört sich, wo sie gehorchen sollte. Augustinus stellte die Wahrheit in ein klares Licht, als er schrieb: "Das Gesetz ist nicht schuld, sondern unsere böse und schlechte Natur; eben wie ein Haufen Kalk still und ruhig ist, bis Wasser darauf gegossen wird, aber dann beginnt er zu rauchen und zu brennen, nicht durch Schuld des Wassers, sondern wegen der Natur und Art des Kalks, der es nicht ertragen will." So seht ihr, dies ist ein zweiter Sinn, in dem das Hineinkommen des Gesetzes die Sünde mächtiger werden lässt.

Doch ferner, das Gesetz vergrößert die Sündhaftigkeit der Sünde, indem es jede Entschuldigung der Unwissenheit hinwegnimmt. Bis die Menschen das Gesetz kennen, werden ihre Verbrechen wenigstens gemildert durch teilweise Unwissenheit, aber wenn das Gesetzbuch vor ihnen aufgeschlagen liegt, so werden ihre Sünden größer, da dieselben gegen Licht und Kenntnis begangen sind. Wer gegen das Gewissen sündigt, wird gerichtet werden; eine wie vielmals größere Strafe wird der verdienen, der die Stimme Jehovas verachtet, seiner heiligen Herrschermacht trotzt und eigenwillig seine Gebote mit Füßen tritt! Je mehr Licht, desto mehr Schuld - das Gesetz gewährt dieses Licht und macht uns so zu doppelten Übertretern. O, ihr Nationen der Erde, die ihr das Gesetz Jehovas gehört habt, eure Sünde ist vermehrt und ist mächtiger geworden!

Mich dünkt, ich höre jemanden sagen: "Wie unweise muss es gewesen sein, dass ein Gesetz kam, damit die Sünde mächtiger würde!" Scheint es nicht beim ersten Anblick sehr hart, dass der große Urheber der Welt uns ein Gesetz gibt, das nicht rechtfertigt, sondern indirekt dazu beiträgt, unsere Verdammnis größer zu machen? Scheint es nicht etwas zu sein, was ein gnädiger Gott uns nicht offenbart, sondern vorenthalten haben würde? Aber wisst ihr, dass die göttliche Torheit weiser ist als die Menschen; und versteht ihr, dass sogar hier ein gnädiger Zweck ist? Die natürlichen Menschen träumen davon, dass sie durch eine strenge Pflichterfüllung Gunst erlangen werden, aber Gott spricht so: "Ich will ihnen ihre Torheit zeigen, indem ich ein so hohes Gesetz verkünde, dass sie daran verzweifeln werden, es zu erfüllen. Sie denken, dass Werke genügen werden, sie zu retten. Sie denken etwas Falsches und werden durch ihren Irrtum ins Verderben kommen. Ich will ihnen ein Gesetz senden, das so furchtbar in seinem Tadel, so unnachgiebig in seinen Forderungen ist, dass es ihnen unmöglich ist, ihm zu gehorchen, und sie werden sogar zur Verzweiflung getrieben werden und dann kommen und meine Barmherzigkeit durch Jesus Christus annehmen. Sie können nicht durch das Gesetz errettet werden - nicht durch das Gesetz der Natur. Wie es jetzt ist, haben sie schon dagegen gesündigt. Aber sie haben doch törichterweise gehofft, mein Gesetz zu halten, und denken, dass sie durch des Gesetzes Werke gerecht werden könnten; während ich gesprochen habe: Durch des Gesetzes Werke wird kein Fleisch gerecht; deshalb will ich ein Gesetz schreiben - es soll ein schwarzes und schweres sein -, eine Bürde, die sie nicht tragen können; und dann werden sie sich hinwegkehren und sagen: Ich will es nicht versuchen, dasselbe auszuführen; ich will meinen Heiland bitten, es für mich zu tragen." Stellt euch einen Fall vor. Einige junge Männer sind im Begriff zur See zu gehen, und ich sehe voraus, dass sie dort ein Sturm überfallen wird. Gesetzt, es stände in meiner Macht, einen Sturm zu erregen, ehe der andere sich erhebt. Nun, zu der Zeit, wo der natürliche Sturm kommt, werden diese jungen Männer schon weit ins Meer gefahren sein und Schiffbruch leiden, ehe sie zurückkehren und Schutz suchen können.

Aber was tue ich? Nun, gerade, wenn sie an der Mündung des Flusses sind, sende ich einen Sturm, der sie in die größte Gefahr bringt und sie schleunigst zum Ufer treibt, so dass sie gerettet sind. So tat Gott. Er sendet ein Gesetz, das ihnen das Gefährliche ihrer Reise zeigt. Der Sturm des Gesetzes zwingt sie, zum Hafen der freien Gnade zurückzukehren und rettet sie von einem furchtbaren Verderben, das sonst über sie kommen würde. Das Gesetz kam nie, die Menschen zu retten. Das war überhaupt niemals die Absicht desselben. Es kam zu dem Zweck, den Beweis vollständig zu machen, dass die

Errettung durch Werke unmöglich ist und so die Erwählten Gottes dahin zu treiben, sich ganz auf die vollendete Errettung des Evangeliums zu verlassen. Nun, um meine Meinung recht zu erläutern, lasst mich sie noch unter einem anderen Bild beschreiben. Ihr alle kennt jene hohen Berge, die man Alpen nennt. Nun, es würde sehr gut sein, wenn jene Alpen noch etwas höher wären. Jedenfalls wäre es für Napoleons Soldaten gut gewesen, als er seine große Armee hinüberführte, und Tausende bei dem Übergang umkamen. Wenn es möglich gewesen wäre, andere Alpen auf ihren Gipfel zu türmen und sie höher zu machen als das Himalajagebirge, hätte ihn nicht dann die vermehrte Schwierigkeit von seinem Unternehmen abgeschreckt und so den Tod Tausender abgewandt? Napoleon fragte: "Ist es möglich?" "Nur eben möglich", war die Antwort. "Vorwärts Marsch!", rief Bonaparte; und das Heer arbeitete sich bald den Abhang des Berges hinauf. Bei dem Licht der Natur scheint es für uns möglich, über diesen Berg der Werke zu gehen, aber alle Menschen würden bei dem Versuch umgekommen sein, da der Pfad sogar über diesen niederen Berg zu eng für sterbliche Fußtritte ist. Gott stellt darum ein anderes Gesetz wie einen Berg auf den Gipfel desselben; und nun sagt der Sünder: "Ich kann nicht darüber klimmen. Es ist eine Aufgabe, die ein Herkules mit seiner Riesenstärke nicht hätte ausführen können. Ich sehe vor mir einen engen Pass, der Pass der Barmherzigkeit Jesu Christi genannt. der Pass des Kreuzes, ich denke ich will meinen Weg dahin nehmen." Aber wäre der Berg nicht zu hoch für ihn gewesen, so hätte er angefangen, ihn zu erklimmen, bis er in irgend eine Spalte gesunken oder unter einer mächtigen Lawine verschüttet oder in einer anderen Weise auf ewig verloren gegangen wäre. Aber das Gesetz kommt, damit die ganze Welt die Unmöglichkeit der Errettung durch Werke sehen möge.

Wir wollen uns nun zu dem angenehmeren Teil unseres Themas wenden - dem Reichtum der Gnade. Nachdem wir die Verheerungen und den durch die Sünde angerichteten Schaden beklagt haben, erfreut es unser Herz, versichert zu werden, dass die Gnade noch viel mächtiger geworden ist.

Die Gnade kommt der Sünde zuvor in der Anzahl, die sie unter ihre Herrschaft bringt. Es ist mein fester Glaube, dass die Zahl der Erretteten weit größer sein wird als die der Verdammten. Es steht geschrieben, dass Jesus in allen Dingen den Vorrang haben wird; und warum soll dieses ausgelassen werden? Können wir denken, dass Satan mehr Nachfolger haben sollte als Jesus? O nein; denn während es geschrieben steht, dass die Erlösten eine Zahl sind, die kein Mensch zählen kann, wird nirgends berichtet, dass die Verlorenen über die Zählung hinaus sind. Es ist wahr, dass die sichtbar Erwählten nur "Übriggebliebene" sind, aber es sind noch andere, die hinzukommen. Denkt einen Augenblick an das Heer von Kinderseelen, das jetzt im Himmel ist. Diese alle fielen in Adam, aber da sie alle erwählt waren, wurden sie alle erlöst und wiedergeboren und hatten das Vorrecht, von ihrer Mutter Brust geradewegs zur Herrlichkeit zu gelangen. Glückliches Los, das wir, die am Leben geblieben sind, wohl beneiden möchten. Und lasst es auch nicht vergessen werden, dass die Menge der Bekehrten im Tausendjährigen Reich sehr dazu beitragen wird, den Ausschlag zu geben. Denn dann wird die Welt sehr bevölkert sein, und tausend Jahre einer Herrschaft Gnade mögen leicht genügen, die Mehrzahl, welche von der Sünde in sechstausend Jahren ihrer Tyrannei gewonnen ist, zu überwinden. In jener friedlichen Periode, wenn alle, vom Kleinsten bis zum Größten, Ihn kennen werden, sollen die Kinder Gottes wie Tauben zu ihren Löchern fliegen, und die Familie des Erlösers wird sich außerordentlich vermehren.

Wenn auch die, welche vom Aberglauben verführt und von den Lüsten verdorben sind, nach Tausenden gezählt werden müssen - so hat doch die Gnade noch immer den Vorrang. Saul hat seine Tausende geschlagen, aber David seine Zehntausende. Wir geben zu, dass die Zahl der Verdammten ungemein groß sein wird, aber wir denken, dass die beiden Stände der Kindheit und der tausendjährigen Herrlichkeit eine so große Reserve von Heiligen liefern werden, dass Christus das Feld behalten wird. Die Prozession der Verlorenen mag lang sein - es müssen Tausende und Abertausende sein, die verloren sind -, aber die größere Prozession des Königs aller Könige wird aus zahlreicheren Heeren bestehen als jene. "Wo aber die Sünde mächtig geworden ist, da ist doch die Gnade viel mächtiger geworden." Der Trophäen freier Gnade werden weit mehr sein als der Trophäen der Sünde.

Ferner noch. Die Gnade ist "viel mächtiger", weil eine Zeit kommen wird, wo die Welt ganz voll Gnade sein wird; während es nie eine Periode in der Geschichte dieser Welt gegeben hat, wo sie ganz der Sünde hingegeben war. Als Adam und Eva sich gegen Gott empörten, war doch noch eine Gnadenentfaltung in der Welt, denn am Schluss des Tages sprach Gott in dem Garten: „Ich will Feindschaft setzen zwischen dir und der Frau und zwischen deinem Samen und ihrem Samen. Derselbe soll dir den Kopf zertreten, und du wirst ihn in die Ferse stechen." Und seit dieser ersten Übertretung ist nie ein Augenblick gewesen, wo die Gnade ganz ihren Halt auf der Erde verloren hätte. Gott hat stets seine diener auf der Erde gehabt; zuweilen sind sie bei fünfzig in den Höhlen versteckt gewesen, aber sie sind nie völlig vertilgt worden. Die Gnade mag sehr niedrig stehen; der Strom hab sehr seicht sein, abe er ist nie ganz trocken gewesen. Es hat immer ein Salz der Gnade gegeben, um der Macht der Sünde entgegenzuwirken. Die Wolken sind nie so allgemein gewesen, dass sie den Tag verborgen hätten. Aber die Zeit naht rasch, wo die Gnade sich über unsere ganze arme Welt ausdehnen und allgemein sein wird. Nach dem Zeugnis der Bibel sehen wir aus nach dem grossen Tag, wo die dunkle Wolke, welche diese Welt in Finsternis gehüllt hat, hinweggenommen wird und sie wiederum wie alle anderen Planeten leuchten wird. Sie ist viele lange Jahre duch die Sünde und Verderbnis umwölkt und verschleiert gewesen; aber das letzte Feuer soll ihr Lumpen und ihr Sackleinen verzehren. Nach diesem Feuer soll die Welt in Gerechtigkeit leuchten. Die grosse, geschmolzene Masse, die jetzt in den Eingeweiden unserer gemeinsamen Mutter schlummert, soll die Mittel zur Reinheit liefern. Paläste, Kronen, Völker und Reiche sollen alle geschmolzen werden, und wenn die jetzige Schöpfung wie ein Pesthaus ganz verbrannt sein wird, dann wird Gott seinen Hauch über die heisse Masse senden, und sie wird wieder abkühlen. Er wird sie anlächeln, wie Er es bei der ersten Schöpfung tat, und die Flüsse werden die neugemachten Berge hinabströmen, die Ozeane werden in neugemachten Betten ruhen; und ewig sein. Diese gefallene Welt wird wieder in ihre

Bahn eingelenkt werden; der Edelstein, der aus Gottes Zepter verloren war, soll wiederum eingefasst werden, ja, Er wird ihn wie ein Siegel an seinem Arm tragen. Christus starb für die Welt, und das, wafür er starb, will Er haben. Er starb für die ganze Welt, und die ganze Welt will Er haben, wenn Er sie gereinigt geläutert und für sich selber bereitet hat. "Wo aber die mächtig geworden ist, da ist doch die Gnade viel mächtiger geworden." Denn die Gnade soll allgemein sein, was die Sünde niemals war.

Noch einen Gedanken mehr. Hat die Welt ihren Besitz durch die Sünde verloren? Sie hat viel mehr durch die Gnade gewonnen. Es ist wahr, wir sind aus einem Garten voll Wonne vertrieben , wo Friede, Liebe und Glückseligkeit eine herrliche Wohnung fanden. Es ist wahr, Eden ist nicht unser mit seinen köstlichen Früchten, seinen wonnigen Lauben und Strömen, die über Goldsand dahinflossen, aber wir haben durch Jesus eine schönere Wohnung. Er hat uns himmlische Stätten bereitet - die Ebenen des Himmels übertreffen die Auen des Paradieses an immer neuen Wonnen, die sie gewähren, während der Baum des Lebens und der Strom, der von dem Thron fliesst die Bewohner der himmlischen Regionen noch glücklicher als im Paradies machen. Verloren wir das natürliche Leben und wurden wir einem schmerzvollen Tode unterworfen durch die Sünde? Hat nicht die Gnade eine Unsterblichkeit geoffenbart, um deretwillen wir nur zu gern sterben? Das in Adam verlorene Leben ist in Christus mehr als wiederhergestellt. Wir geben zu, dass unsere ursprünglichen Gewänder durch Adam in Stücke zerrissen wurden, aber Jesus hat uns mit einer göttlichen Gerechtigkeit bekleidet, die an Wert sogar die fleckenlosen Gewänder geschaffener Unschuld weit übertrifft. Wir trauern über unseren durch die Sünde so niedrig und elend gewordenen Zustand, aber wir wollen uns freuen in dem Gedanken, dass wir jetzt sicherer sind als vor unserem Fall und in engere Verbindung mit Jesu gebracht sind als wir es in unserem ungefallenen Zustand hätten sein können. O Jesus, Du hast uns ein ausgedehnteres Erbteil gewonnen als Adam je durch seine Torheit verlor. Du hast uns eine Schatzkammer mit größeren Reichtümern gefüllt als unsere Sünde je verschwendet hat. Deine Gnade hat unsere Sünden überragt. "Die Gnade ist viel mächtiger geworden."

Nun kommen wir zum zweiten Teil des Themas, *das Hineinkommen des Gesetzes in das Herz.* Wir müssen behutsam sein, wenn wir es mit innerlichen Dingen zu tun haben; es ist nicht leicht, über dieses kleine Ding, das Herz, zu reden. Wenn wir beginnen, von dem Gesetz ihrer Seele zu sprechen, so werden viele unwillig, aber wir fürchten ihren Zorn nicht. Wir wollen den verborgenen Menschen heute angreifen. Das Gesetz kam in ihre Herzen hinein, damit die Sünde mächtiger würde: "Wo aber die Sünde mächtig geworden ist, da ist doch die Gnade viel mächtiger geworden."

Das Gesetz lässt die Sünde mächtiger werden, indem es die Sünde der Seele enthüllt. Wenn Gott der Heilige Geist das Gesetz dem Gewissen vorhält, so werden geheime Sünden ans Licht gezogen, kleine Sünden zu ihrem wahren Umfang vergrößert und scheinbar harmlose Dinge werden außerordentlich sündig. Ehe jener furchtbare Erforscher der Herzen und Prüfer der Nieren in die Seele hineinkommt, erscheint sie gerecht, lieblich und heilig; aber wenn Er die verborgenen Übel enthüllt, so ist die Summe verändert. Übertretungen, die einst kleine Sünden, Geringfügigkeiten, jugendliche Einfälle, Torheiten, Nachgiebigkeiten oder kleine Fehltritte genannt wurden, erscheinen dann in ihrer wahren Farbe als ein Brechen des göttlichen Gesetzes, das angemessene Strafe verdient.

John Bunyan[12] soll meine Meinung durch einen Auszug aus seiner berühmten Allegorie verdeutlichen: "Darauf nahm der Ausleger Christ bei der Hand und führte ihn in ein sehr großes Zimmer, welches voll Staub war, weil es nie gefegt wurde, und in welches der Ausleger, nachdem er sich ein wenig darin umgesehen hatte, einen Mann zum Fegen rief. Als dieser nun zu fegen begann, flog der Staub

---

[12] John Bunyan (1628-1688) war einer der bedeutendsten und einflussreichsten Autoren des 17. Jahrhunderts. Bunyan musste zwölf Jahre im Gefängnis verbringen, weil er trotz Verbots nicht aufhörte das Evangelium zu predigen. In dieser Zeit schrieb er sein berühmtestes Werk: Die Pilgerreise zur seligen Ewigkeit.

so reichlich umher, dass Christ fast erstickte. Da sagte der Ausleger zu einer Magd, die dabei stand: Bring Wasser her und besprenge das Zimmer; nachdem sie dies getan hatte, wurde es mit Vergnügen gefegt und gereinigt. Darauf fragte Christ: Was bedeutet das? Der Ausleger antwortete: Dieses Zimmer ist das Herz des Menschen, das nie von der lieblichen Gnade des Evangeliums geheiligt wurde. Der Staub ist die Erbsünde und die innere Verderbtheit, die den ganzen Menschen verunreinigt hat. Der, welcher zuerst zu fegen begann, ist das Gesetz; aber die, welche das Wasser brachte und sprengte, ist das Evangelium. Nun, du sahst, dass, sobald der erste zu fegen begann, der Staub so umherflog, dass das Zimmer nicht von ihm gereinigt werden konnte, sondern dass du fast dadurch ersticktest; dies ist, um dir zu zeigen, dass das Gesetz, statt das Herz (durch seine Wirksamkeit) von der Sünde zu reinigen, diese lebendig macht (Röm 7,9), Kraft hineinlegt (1.Kor 15,56) und sie mächtig werden lässt (Röm 5,20), eben weil es sie enthüllt und verbietet, denn dies gibt keine Kraft, sie zu bezwingen. Wiederum sahst du die Magd das Zimmer mit Wasser besprengen, worauf es mit Vergnügen gereinigt wurde; dies soll dir zeigen, dass, wenn das Evangelium mit seinen lieblichen und köstlichen Einflüssen in das Herz kommt, eben wie du die Magd den Staub legen sahst durch das Besprengen mit Wasser, so wird die Sünde besiegt und bezwungen, und die Seele wird durch den Glauben gereinigt und zu einer Wohnung für den König der Herrlichkeit tauglich gemacht."[13]

Das Herz ist wie ein dunkler Keller, voll Eidechsen, Käfern, Motten und allerlei Reptilien und Insekten, die wir im Dunkeln nicht sehen können, aber das Gesetz macht die Läden auf und lässt das Licht ein, und so sehen wir das Übel. Weil so die Sünde durch das Gesetz wahrnehmbar wird, steht geschrieben, dass sie durch dasselbe mächtig wird.

---

[13] Spurgeon zitiert an dieser Stelle aus der berühmten "Pilgerreise zur seligen Ewigkeit" (siehe neuere Übersetzung John Bunyan: PILGERREISE, Telos, 9. Auflage, S. 45-46).

Noch eins. Das Gesetz, wenn es ins Herz kommt, zeigt uns, wie sehr schwarz wir sind. Einige von uns wissen, dass wir Sünder sind. Es ist sehr leicht, es zu sagen. Das Wort "Sünder" hat nur zwei Silben, und es gibt viele, die es oft auf ihren Lippen haben, aber es nicht verstehen. Sie sehen ihre Sünde, aber sie erscheint ihnen nicht ungemein sündig, bis das Gesetz kommt. Wir denken, dass etwas Sündiges darin ist; aber wenn das Gesetz kommt, so sehen wir die Abscheulichkeit. Hat Gottes heiliges Licht je in eure Seelen geschienen? Wurden je die Brunnen eures großen Verderbens vor euch aufgedeckt und seid ihr genügend wach gewesen, um zu sagen: "O Gott! ich habe gesündigt?" Nun, wenn eure Herzen durch das Gesetz bloßgelegt worden sind, so werdet ihr das Herz trügerischer als den Teufel finden. Ich kann dies von mir selber sagen, ich bin sehr bang vor dem meinigen, es ist so schlecht. Die Bibel sagt: "Es ist das Herz überaus tückisch und ein heilloses Ding." Der Teufel ist eins der Dinge, deshalb ist es schlechter als der Teufel. Wie viele finden wir, die sprechen: "Nun, ich habe im Grunde ein sehr gutes Herz. Es mag obenauf ein bisschen fehlerhaft sein, aber im Grunde bin ich sehr gutherzig." Wenn ihr oben in einem Korb Obst sähet, das nicht ganz gut wäre, würdet ihr den Korb kaufen, weil man euch sagte: "Das gesunde Obst befindet sich unten im Korb." "Nein, nein", würdet ihr sagen, "das Beste ist ohne Zweifel obenauf, und wenn es da schlecht ist, so ist es unten sicherlich verfault." Es gibt viele Leute, die ein wunderliches Leben führen, und einige Freunde sagen: "Er ist im Grunde gutherzig; er betrinkt sich zwar zuweilen, aber er ist im Grunde sehr gutherzig." Ah! Glaubt es nie. Die Menschen werden selten für besser geschätzt als sie zu sein scheinen. Wenn die Außenseite des Bechers oder der Schüssel rein ist, mag die innere Seite schmutzig sein, aber wenn die Außenseite unrein ist, so könnt ihr immer sicher sein, dass die innere Seite nicht besser ist. Die meisten von uns stellen ihre Vorräte ins Fenster - die besten vornan und das Schlechte dahinter. Anstatt Entschuldigungen für uns selber, für die Schlechtigkeit unserer Herzen zu machen, lasst uns, wenn das Gesetz in unsere Seele hineingekommen ist, uns niederbeugen und sprechen: "O, die Sünde, o, die Unreinheit, die Schwärze, die furchtbare Natur unserer Verbrechen." "Das Gesetz kam, auf dass die Sünde mächtig würde."

Das Gesetz offenbart die überaus große Macht der Sünde, indem es uns die Verderbtheit unserer Natur enthüllt. Wir sind alle bereit, der Schlange die Schuld für unsere Sünde zu geben oder anzudeuten, dass wir irre gegangen sind durch die Macht des bösen Beispiels, aber der Heilige Geist verscheucht diese Träume dadurch, dass Er das Gesetz in unsere Herzen bringt. Dann sind die Brunnen der großen Tiefe aufgebrochen, die Kammern der Bildwerke (Hes 8,12) sind geöffnet, das angeborene Böse in dem innersten Wesen des gefallenen Menschen ist entdeckt.

Das Gesetz schneidet in den Kern des Übels hinein, es offenbart den Sitz der Krankheit und belehrt uns, dass der Aussatz tief drinnen liegt. O wie der Mensch sich selbst verabscheut, wenn er all seine Wasserflüsse in Blut verwandelt und Ekelhaftigkeit über sein ganzes Wesen kriechen sieht! Er lernt, dass die Sünde keine Fleischwunde ist, sondern ein Stich ins Herz; er entdeckt, dass das Gift in seine Adern gedrungen ist, in seinem Mark liegt und seine Quelle im innersten Herzen hat. Nun verabscheut er sich und möchte gern geheilt werden. Tatsächliche Sünde scheint nicht halb so schrecklich wie angeborene Sünde, und bei dem Gedanken an das, was er ist, erbleicht er und gibt die Errettung durch Werke als eine Unmöglichkeit auf.

Nachdem das unnachgiebige Gesetz so die Maske abgerissen und den verzweifelten Zustand des Sünders gezeigt hat, macht es die Sünde noch mächtiger, indem es uns das Verdammungsurteil tief einprägt. Es setzt sich auf den Richterstuhl, bricht den Stab und spricht das Todesurteil aus. Mit harter, mitleidsloser Stimme donnert es die Worte aus: "Schon gerichtet." Es heißt die Seele ihre Verteidigung vorbereiten und weiß sehr wohl, dass ihr alle Entschuldigung durch sein früheres Werk der Überführung genommen ist. Der Sünder verstummt deshalb, und das Gesetz hebt mit finsterem Blick den Schleier der Hölle auf und lässt den Menschen in die Qualen hineinschauen. Die Seele fühlt, dass der Spruch gerecht ist, dass die Strafe nicht zu streng ist, und dass sie kein Recht hat, Barmherzigkeit zu erwarten; sie steht bebend, zitternd, ohnmächtig und voll Traurigkeit, bis sie in völliger Verzweiflung niederfällt. Der Sünder legt sich selbst den Strick um den Hals, kleidet sich in das Gewand der Verurteilten und wirft sich am Fuß des Throns seines Königs nieder mit nur einem Gedanken: "Ich bin schlecht", und mit einem Gebet: "Gott, sei mir Sünder gnädig."

Das Gesetz hört nicht einmal hier mit seiner Wirkung auf, denn es macht die Missetat noch augenscheinlicher, indem es die durch die Sünde erzeugte Kraftlosigkeit enthüllt. Es verurteilt nicht nur, sondern es tötet tatsächlich. Wer einst dachte, dass er nach Gefallen Buße tun und glauben könnte, findet in sich weder zu dem einen noch zu dem anderen die Kraft.

Wenn Mose den Sünder schlägt, so zerstößt und zermalmt er ihn mit dem ersten Schlag, aber bei einem zweiten oder dritten fällt dieser wie ein Toter nieder. Ich habe mich selbst in einem solchen Zustand befunden, dass, wenn der Himmel mit einem einzigen Gebet zu erkaufen gewesen wäre, ich doch hätte verdammt werden müssen, denn ich konnte ebenso wenig beten wie ich fliegen konnte. Überdies, wenn wir in dem Grab sind, welches das Gesetz für uns gegraben hat, so fühlen wir, als wenn wir nicht fühlen könnten, und wir sind betrübt, weil wir nicht betrübt sein können. Der furchtbare Berg liegt auf uns, der es uns unmöglich macht, Hand oder Fuß zu rühren, und wenn wir um Hilfe schreien wollen, so versagt die Stimme uns den Gehorsam. Vergeblich ruft der Prediger: "Tut Buße." Unser hartes Herz will nicht schmelzen; vergeblich mahnt er uns zu glauben; dieser Glaube, von dem er spricht, scheint ebenso sehr über unsere Fähigkeit hinaus wie die Erschaffung eines Weltalls. Der Ruin ist nun in der Tat ein Ruin geworden. Der donnernde Spruch tönt uns in den Ohren: "Schon gerichtet", ein anderer Ruf folgt ihm: "Tot in Übertretungen und Sünden", und ein dritter, noch schrecklicherer und entsetzlicherer mischt seine grauenvolle Warnung hinein: "Der zukünftige Zorn - der zukünftige Zorn." Der Sünder ist seiner Meinung nach jetzt hinausgeworfen wie ein verwester Leichnam, er erwartet jeden Augenblick von dem Wurm, der niemals stirbt, gequält zu werden und seine Augen in der Hölle aufzuheben. Jetzt ist der Augenblick für die Barmherzigkeit da, und wir wenden uns von dem verdammenden Gesetz zu der mächtigen Gnade.

Hör zu, o du schwer beladener, verurteilter Sünder, während ich in meines Meisters Namen reichliche Gnade verkünde. Die Gnade übertrifft die Sünde an Maß und Wirksamkeit. Obgleich deiner Sünden viele sind, hat die Barmherzigkeit viel Vergebung. Ob sie die Sterne, die Sandkörner oder die Tautropfen an Zahl übertreffen, kann ein Akt der Vergebung sie alle austilgen. Deine Missetat soll wie ein Berg in die Mitte des Meeres geworfen werden. Deine Schwärze soll hinweggewaschen werden durch die reinigende Flut des Blutes deines Erlösers. Denk daran! Ich sagte, deine Sünden, und ich beabsichtigte das zu sagen, denn wenn du jetzt ein vom Gesetz verurteilter Sünder bist, so weiß ich gerade an diesem Zeichen, dass du ein Gefäß der Barmherzigkeit bist. O, höllische Sünder, verworfene Bösewichter, Ausgestoßene, sogar aus der Gesellschaft der Sünder, Ausgestoßene, wenn ihr eure Missetat anerkennt, so ist hier Barmherzigkeit, freie, reichliche, unermessliche, unendliche. Denk daran, o Sünder: Wenn alle Sünden, die Menschen begangen haben in Willen und Worten, Gedanken und Taten, seit die Welt geschaffen wurde, auf eines armen Sünders Haupt gelegt würden, so würde doch der Strom des teuren Blutes Jesu die ganze schreckliche Last hinwegnehmen. Doch die Gnade übertrifft die Sünde noch in etwas anderem. Die Sünde zeigt uns ihren Vater und sagt uns, dass unser Herz ihr Vater ist, aber die Gnade übertrifft die Sünde hier und zeigt den Urheber der Gnade - den König aller Könige. Das Gesetz verfolgt die Spur der Sünde bis in unser Herz hinein; die Gnade verfolgt ihren eigenen Ursprung bis zu Gott.

"Da ich noch nicht geschaffen war,
Da reicht' Er mir schon Gnade dar."

O Christ, was für ein gesegnetes Ding ist die Gnade, denn ihre Quelle ist in den ewigen Bergen. Sünder, wenn du der Schändlichste in der Welt bist, so wirst du doch, wenn Gott dir heute morgen vergibt, imstande sein, deinen Stammbaum bis zu Ihm hinauf zu verfolgen, denn du wirst eins der Kinder Gottes werden und Ihn immer zum Vater haben. Mich dünkt, ich sehe dich als einen elenden Verbrecher vor dem Richterstuhl, und ich höre die Barmherzigkeit rufen: "Sprich ihn frei!" Er ist bleich, lahm, verstümmelt - heile ihn.

Er ist von einer schändlichen Rasse - siehe, ich will ihn in meine Familie aufnehmen. Sünder! Gott nimmt dich als sein Kind an. Was tut es, wenn du auch arm bist, Gott sagt: "Ich will dich auf ewig als mein eigen annehmen. du sollst mein Erbe sein. Hier ist dein glorreicher Bruder. In Banden des blutes ist Er eins mit dir - Jesus ist dein wirklicher Bruder!" Doch, wie kam diese Veränderung? O, ist das nicht ein Akt der Barmherzigkeit? "Die Gnade ist viel mächtiger geworden."

> *"O Wunderliebe, die mich wählte*
> *Vor allem Anbeginn der Welt,*
> *Und mich zu ihren Kindern zählte,*
> *Für welche sie das Reich bestellt."*

Die Gnade kommt der Sünde zuvor, denn sie hebt uns höher als der Platz war, von dem wir fielen.

Und wiederum: "Wo die Sünde mächtig geworden ist, da ist die Gnade viel mächtiger geworden"; weil der Spruch des Gesetzes aufgehoben werden kann, aber der der Gnade niemals. Ich stehe hier und fühle mich verurteilt, doch habe ich vielleicht eine Hoffnung, dass ich freigesprochen werden könnte. Es ist eine sterbende Hoffnung auf Freisprechung noch übrig. Aber wenn wir gerechtfertigt sind, so ist keine Furcht der Verdammung mehr da. Ich kann nicht verdammt werden, wenn ich einmal gerechtfertigt worden bin; völlig freigesprochen bin ich durch die Gnade. Ich biete dem Satan Trotz, Hand an mich zu legen, wenn ich ein Gerechtfertigter bin. Der Stand der Rechtfertigung ist ein unveränderlicher und ist unauflöslich mit der Herrlichkeit verbunden, "Wer will die Auserwählten Gottes beschuldigen? Gott ist hier, der da gerecht macht. Wer will verdammen? Christus ist hier, der gestorben ist, ja vielmehr, der auch auferweckt ist, welcher ist zur Rechten Gottes und uns vertritt. Wer will uns scheiden von der Liebe Gottes? Trübsal oder Angst oder Verfolgung oder Hunger oder Blösse oder Gefahr oder Schwert? Aber in dem allen überwinden wir weit um deswillen, der uns geliebt hat. Denn ich bin gewiss, dass weder Tod noch Leben, weder Engel noch Fürstentum noch Gewalt, weder Gegenwärtiges noch Zukünftiges, weder Hohes noch tiefes noch keine andere Kreatur mag uns scheiden von der Liebe Gottes, die in Jesus Christus ist, unserem Herrn." O, armer verdammter Sünder, reizt dies dich nicht und lässt dies dich nicht die freie Gnade lieben? Und all dieses ist dein. Deine Verbrechen sollen, wenn sie einmal ausgetilgt sind, dir nie wieder zur Last gelegt werden. Die Rechtfertigung des Evangeliums ist keine Arminianische, scheinbare, die wieder aufgehoben werden kann, wenn wir künftig abweichen sollten. Nein, die einmal bezahlte Schuld kann nicht zweimal gefordert werden - die einmal erduldete Strafe kann nicht wieder auferlegt werden. Errettet, errettet, errettet! Ganz errettet durch die göttliche Gnade, könnt ihr ohne Furcht durch die weite Welt gehen.

Und noch eins. Gerade wie die Sünde uns krank und kummervoll und traurig macht, so macht die Gnade uns viel freudiger und freier. Die Sünde lässt den Menschen mit Weh im Herzen umhergehen, bis er aussieht, als wenn die Welt ihn verschlingen wollte und Berge über ihm hingen, im Begriff, auf ihn zu fallen. Dies ist die Wirkung des Gesetzes. Das Gesetz macht uns traurig; das Gesetz macht uns elend. Aber, armer Sünder, die Gnade nimmt die bösen Wirkungen der Sünde auf dein Gemüt hinweg; wenn du an den Herrn Jesus Christus glaubst, so sollst due von deisem Ort mit einem strahlenden Auge und einem leichten Herzen weggehen. Ach, gut erinnere ich mich des Morgens, als ich in ein kleines Gotteshaus eintrat, fast so elend, wie die Hölle mich machen konnte - verderbt und verloren. Ich war oft in Kapellen gewesengewesen, wo man vom Gesetz sprach, aber ich hatte nicht das Evangelium gehört. Ich setzte mich nieder wie ein gefesselter und gefangener Sünder; das Wort Gottes kam und ich ging frei hinaus: ein begnadigter Sünder. Obwohl ich elend wie die Hölle hineinging, kam ich freudig und erhoben heraus. Ich saß da schwarz; ich ging weg, weißer als frisch gefallener Schnee. Gott hatte gesprochen: "Wenn deine Sünden gleich blutrot sind, sollen sie doch weißer als Schnee werden." Warum sollte dies nicht dein Los sein, mein Bruder, wenn du dich jetzt als Sünder fühlst? Alles, was Er von dir verlangt, ist, dass du fühlst, dass du Ihn nötig hast, dies hast du getan, und nun liegt das Blut Jesu vor dir. "Das Gesetz ist neben eingekommen, dass die Sünde mächtiger würde." Dir ist vergeben, glaub es nur; du bist erwählt; glaub es nur; es ist die Wahrheit, dass du errettet bist.

Und nun zuletzt, armer Sünder, hat die Sünde dich untauglich für den Himmel gemacht? Die Gnade wird dich zu einem passenden Gefährten für Seraphim und für die vollkommenen Gerechten machen. Du, der du heute verloren und durch die Sünde zu Grunde gerichtet bist, sollst dich eines Tages finden mit einer Krone auf deinem Haupt und einer goldenen Harfe in deiner Hand, erhoben zu dem Thron des Höchsten. Denke, o Trunkenbold, wenn du Buße tust, so ist eine Krone für dich im Himmel aufbewahrt. Ihr Schuldigsten, Verlorensten und Entwürdigsten, seid ihr in eurem Gewissen durch das Gesetz verdammt? Dann lade ich euch ein, in meines Meisters Namen, die Vergebung durch sein Blut anzunehmen. Er hat an eurer Statt gelitten, Er hat für eure Schuld gebüßt, und ihr seid freigesprochen. Er hat dich von Ewigkeit her geliebt, das Gesetz ist nur ein Zuchtmeister, dich zu Christus zu bringen. Wirf dich auf Ihn. Falle in die Arme der rettenden Gnade. Keine Werke werden gefordert, keine Tauglichkeit, keine Gerechtigkeit, kein Tun. Ihr seid vollkommen in Ihm, der sprach: "Es ist vollbracht!" Amen.

"Es ist das Heil uns kommen her
 Aus lauter Gnad' und Güte,
Die Werke helfen nimmermehr
Zum Frieden dem Gemüte;
Der Glaub' sieht Jesus Christus an,
Der hat für alle g'nug getan;
Er ist der Mittler worden.

Daran ich keinen Zweifel trag',
Dein Wort kann nimmer lügen;
Du sprichst ja, dass kein Mensch verzag',
Und wirst fürwahr nicht trügen:
Wer glaubt an mich und wird getauft.
Dem ist der Himmel schon erkauft,
Dass er nicht werd' verloren."

CHRISTUS, DES GESETZES ENDE[14]

"Denn Christus ist des Gesetzes Ende;
wer an ihn glaubt, der ist gerecht."[15]

Römer 10,4

Ihr erinnert euch, dass wir letzten Sonntag von den Tagen des Menschensohnes sprachen. O, dass jeder Sonntag jetzt solch ein Tag im geistlichen Sinne wäre. Ich hoffe, dass wir versuchen werden, jeden wiederkehrenden Sonntag zu einem Tag des Herrn zu machen, indem wir viel an Jesus denken, viel in Ihm uns freuen, für Ihn arbeiten und immer dringender bitten, dass das Volk um Ihn sich sammeln möge. Wir mögen vielleicht nicht mehr viele Sonntage zusammen haben, der Tod mag uns bald scheiden; aber so lange wir fähig sind, als eine christliche Gemeinde zusammenzukommen, lasst uns nie vergessen, dass Christi Gegenwart das ist, was uns am meisten Not tut, und lasst uns darum beten und den Herrn anflehen, uns seine Gegenwart stets in Bezeugungen von Licht, Leben und Liebe zu gewähren! Ich strebe immer ernster danach, dass jede Zeit des Predigens eine seelenrettende Zeit sei. Ich kann es dem Apostel Paulus tief nachempfinden, wenn er sagt: "Meines Herzens Wunsch ist, und flehe auch Gott für Israel, dass sie selig werden." Wir haben so viel Predigten gehabt, aber im Vergleich damit so wenig Glauben an Jesus; und wenn kein Glauben an Ihn da ist, so hat weder das Gesetz noch das Evangelium seinem Zweck entsprochen, und unsere Arbeit ist ganz vergeblich gewesen. Einige von euch haben gehört und gehört und wieder gehört, aber nicht an Jesus geglaubt. Wenn ihr das Evangelium nicht gehört hättet, so könntet ihr nicht die Schuld der Verwerfung auf euch geladen haben. "Haben sie nicht gehört?"

---

[14] Gehalten am Sonntagmorgen, den 19. November 1876, im Metropolitan Tabernakel, Newington.

[15] Die King James-Übersetzung, die Spurgeon zugrunde legt, übersetzt: "Denn Christus ist das Ende des Gesetzes zur Gerechtigkeit für jeden, der da glaubt."

83

sagt der Apostel. "Ja, wahrlich. Aber sie sind nicht alle dem Evangelium gehorsam gewesen." Bis zu diesem Augenblick ist kein Hörer mit dem inneren Ohr da gewesen, kein Werk des Glaubens im Herzen bei vielen, die wir lieb haben. Liebe Freunde, soll es immer so bleiben? Wie lange soll es so bleiben? Wird nicht bald diese äußere Annahme der Gnadenmittel und die Abweisung der innerlichen Gnade ein Ende haben? Wird nicht eure Seele sich bald Jesu übergeben zur augenblicklichen Errettung? Brich an, brich an, o himmlischer Tag, für die Umnachteten, denn unsere Herzen brechen ihretwillen.

Der Grund, warum viele nicht zu Christus kommen, ist nicht, weil sie es nicht ernst nehmen, auf gewisse Weise nicht nachdenken und wünschen selig zu werden, sondern weil sie sich nicht in Gottes Heilsweg finden können. "Sie eifern um Gott, aber mit Unverstand." Wir bringen sie durch unsere Ermahnung so weit auf den Weg, dass sie wünschen, das ewige Leben zu erlangen, aber "sie sind der Gerechtigkeit, die vor Gott gilt, nicht untertan". Merkt es, "untertan", denn Unterwerfung ist nötig. Der stolze Mensch will sich selber selig machen; er glaubt, dass er es tun kann und wird das Streben nie aufgeben, bis er seine eigene Hilflosigkeit durch misslungene Versuche erkennt. Seligkeit aus Gnaden, gesucht in der Gestalt eines Bettlers, erbeten als ein unverdientes Gut von freier Gnade, das ist es, wozu der fleischliche Sinn nicht kommen will, so lange er noch umhin kann; ich bitte den Herrn, Er möge so wirken, dass einige von euch nicht mehr umhin können.

Und o, ich habe gebetet, dass, während ich heute versuche, Christus als das Ende des Gesetzes darzustellen, Gott es an einigen Herzen segnen möge, dass sie sehen mögen, was Christus tat, und einsehen, dass es sehr viel besser ist als irgend etwas, das sie tun können; sehen mögen, was Christus vollbrachte, und dessen müde werden, woran sie so lange gearbeitet, und es bis auf diesen Tag noch nicht einmal recht angefangen haben. Vielleicht mag es dem Herrn gefallen, sie anzuziehen durch die Vollkommenheit des Heils, das in Christus Jesus ist. Wie Bunyan sagte: "Es mag ihnen vielleicht den Mund wässerig machen danach"; und wenn ein heiliger Hunger beginnt, so wird es nicht lange sein, bis sie die Speise genießen. Es mag sein, wenn sie das Gewand von gewirktem Gold sehen, das Jesus umsonst den nackten Seelen gewährt, dass sie ihre eigenen schmutzigen Lumpen wegwerfen, die sie jetzt so eng um sich ziehen. Ich will heute mit Hilfe des Geistes Gottes von zwei Dingen reden. Das erste ist von Christus in Verbindung mit dem Gesetz: Er ist das Ende des Gesetzes zur Gerechtigkeit. Und zweitens von uns selbst in Verbindung mit Christus; für jeden, der da glaubt, ist Christus das Ende des Gesetzes zur Gerechtigkeit.

Zuerst *von Christus in Verbindung mit dem Gesetz.* Das Gesetz ist das, was wir als Sünder über alle Ursache zu fürchten haben; denn der Stachel des Todes ist die Sünde, die Kraft der Sünde aber ist das Gesetz. Gegen uns schießt das Gesetz verzehrende Flammen, denn es verdammt uns, und in feierlichen Ausdrücken weist es uns einen Platz unter den Verfluchten an, wie geschrieben steht: "Verflucht sei jedermann, der nicht bleibt in allem, das geschrieben steht in dem Buch des Gesetzes, dass er es tue." Doch welch sonderbare Betörung! Gleich der Verblendung, welche die Mücke zum Licht zieht, das ihre Flügel verbrennt, fliehen die Menschen von Natur zum Gesetz, um Seligkeit zu erlangen, und können nicht davon weggetrieben werden. Das Gesetz kann nichts anderes tun als Sünde offenbaren und Verdammung über den Sünder aussprechen, und doch können wir die Menschen nicht davon wegbringen, selbst wenn wir ihnen zeigen, wie freundlich Jesus zwischen ihnen und demselben steht. Sie sind so in die gesetzliche Hoffnung verliebt, dass sie daran hängen, ob auch nichts da ist, woran sie sich hängen können; sie ziehen den Sinai dem Golgatha vor, obgleich der Sinai nichts für sie hat als Donner und Posaunen der Warnungen vor dem zukünftigen Gericht. O, dass ihr für eine Weile eifrig zuhört, während ich euch Jesus, meinen Herrn, vorstelle, damit ihr das Gesetz in Ihm sehen könnt. Nun, was hat unser Herr mit dem Gesetz zu tun? Er hat alles damit zu tun, denn Er ist sein Ende zu dem edelsten Zweck, nämlich zur Gerechtigkeit. "Er ist das Ende des Gesetzes." Was bedeutet dies? Ich meine, es bedeutet dreierlei: erstens, dass Christus Zweck und Ziel des Gesetzes ist; zweitens, dass Er seine Erfüllung ist; und drittens, dass Er sein Ende ist.

Also erstens, unser Herr Jesus Christus ist Zweck und Ziel des Gesetzes. Es wurde gegeben, um uns zu Ihm zu führen. Das Gesetz ist unser Schulmeister, der uns zu Christus bringt, oder vielmehr der Begleiter, der uns in die Schule Jesu bringt. Das Gesetz ist das große Netz, in dem die Fische eingeschlossen werden, um sie aus dem Element der Sünde herauszuziehen. Das Gesetz ist der stürmische Wind, der die Seelen in den Sicherheitshafen treibt. Das Gesetz ist der Gerichtsdiener, der die Menschen ins Gefängnis bringt für ihre Sünde, sie alle unter die Verdammnis einschließt, damit sie allein von der freien Gnade Gottes ihre Befreiung erwarten. Dies ist der Zweck des Gesetzes; es macht leer, damit die Gnade füllen möge, und verwundet, damit die Barmherzigkeit heile. Es ist niemals Gottes Absicht gewesen, dass das Gesetz für uns gefallene Menschen der Heilsweg sein sollte, denn ein Heilsweg kann es niemals sein. Wäre ein Mensch nie gefallen, wäre seine Natur geblieben, wie Gott sie machte, so wäre das Gesetz ihm eine große Hilfe gewesen, um ihm den Weg zu zeigen, auf dem er wandeln sollte; und durch das Halten des Gesetzes wäre er am Leben geblieben, denn "welcher Mensch dies tut, der wird dadurch leben." Aber seit der Mensch gefallen ist, hat der Herr ihm keinen Heilsweg durch Werke gewiesen, denn Er weiß, dass dieser für ein sündiges Geschöpf unmöglich ist. Das Gesetz ist schon gebrochen; und was immer der Mensch auch tun kann, er kann nicht den Schaden wieder gutmachen, den er schon getan hat; deshalb ist ihm jede Hoffnung auf Verdienst abgeschnitten. Das Gesetz verlangt Vollkommenheit, aber dem Menschen gebricht es an dieser Vollkommenheit; und deshalb, wenn er auch sein Bestes tut, so kann er nicht das leisten, was unumgänglich nötig ist. Das Gesetz soll den Sünder zum Glauben an Christus leiten, indem es ihm die Unmöglichkeit irgendeines anderen Weges zeigt. Es ist der schwarze Hund, der die Schafe zum Hirten treibt; die brennende Hitze, die den Wanderer zum Schatten des großen Felsen im öden Lande hinzieht.

Seht, wie das Gesetz hierfür passend ist; denn es zeigt dem Menschen seine Sünde. Lies die Zehn Gebote und zittere, während du sie liest. Wer kann sein Leben mit diesen zwei Tafeln vergleichen, ohne sogleich überzeugt zu werden, dass er weit hinter dem Maßstab zurückgeblieben ist? Wenn das Gesetz in die Seele eindringt, so ist es wie das Licht in einem dunklen Zimmer, das allen Staub und Schmutz offenbar macht, der sonst unbemerkt geblieben wäre. Es ist das Mittel, wodurch das Vorhandensein des Sündengiftes in der Seele entdeckt wird. "Ich aber lebte etwa ohne Gesetz", sagt der Apostel, "da aber das Gebot kam, wurde die Sünde wieder lebendig, ich aber starb." Unsere Schönheit welkt ganz dahin, wenn das Gesetz darauf bläst. Blickt auf die Gebote, sage ich, und bedenkt, wie tief einschneidend sie sind, wie geistlich, wie weitreichend. Sie berühren nicht nur die äußere Handlung, sondern sie tauchen in die inneren Beweggründe und haben es mit dem Herzen, dem Gemüt und der Seele zu tun. Es ist eine tiefere Meinung in den Geboten als auf der Oberfläche erscheint. Blicke in ihre Tiefen und sieh, wie furchtbar die Heiligkeit ist, die sie fordern. So wie du verstehst, was das Gesetz verlangt, so bemerkst du, wie weit entfernt du bist, es zu erfüllen, und wie die Sünde mächtig ist, wo du dachtest, dass wenig oder gar keine da sei. Du hieltest dich für reich und satt und glaubtest, nichts zu bedürfen, aber wenn das gebrochene Gesetz vor dich tritt, so starrt dir dein geistlicher Bankrott und deine gänzliche Armut ins Gesicht. Eine gute Waagschale entdeckt zu leichtes Gewicht, und das ist die erste Wirkung des Gesetzes auf das Gewissen des Menschen.

Das Gesetz zeigt auch die Folge und das Unheil der Sünde. Blickt auf die Vorbilder in dem mosaischen Gesetz und seht, wie sie beabsichtigten, die Menschen zu Christus zu führen, indem sie ihnen ihren unreinen Zustand und das Bedürfnis einer Reinigung, wie Jesus Christus allein sie geben kann, aufdeckten. Jedes Vorbild wies auf Jesus Christus hin. Wenn Menschen abgesondert wurden wegen Krankheit oder Unreinheit, so zeigte dies ihnen, wie die Sünde sie von Gott und seinem Volk trennte; und wenn sie zurückgebracht und mit geheimnisvollen Gebräuchen gereinigt wurden, in denen purpurne Wolle und Ysop und dergleichen war, zeigt ihnen dies, wie sie nur durch Jesus Christus, den großen Hohenpriester, wiederhergestellt werden könnten. Wenn der Vogel getötet wurde, damit der Aussätzige rein würde, so wurde die Notwendigkeit der Reinigung durch das Opfer eines Lebens dargestellt. Jeden Morgen und Abend musste ein Lamm sterben, um von der täglichen Notwendigkeit der Vergebung zu zeugen, wenn Gott bei uns wohnen soll. Wir werden mitunter getadelt, weil wir zuviel vom Blut sprechen; doch im Alten Testament schien das Blut alles zu sein, und es wurde nicht nur davon gesprochen, sondern es wurde wirklich dem Auge dargestellt. Was sagt uns der Apostel im Brief an die Hebräer? "Daher auch das erste Testament nicht ohne Blut gestiftet wurde. Denn als Mose ausgeredet hatte von allen Geboten nach dem Gesetz zu allem Volk, nahm er Kälber und das Blut eines Bockes mit Wasser, Purpurwolle und Ysop und besprengte das Buch und alles Volk und sprach: Das ist das Blut des Testaments, das Gott euch geboten hat. Und die Hütte und alles Geräte des Gottesdienstes besprengte er genauso mit Blut. Und so wird fast alles mit Blut gereinigt nach dem Gesetz. Und ohne Blutvergießen geschieht keine Vergebung." Das Blut war auf dem Vorhang und auf dem Altar und auf den Geräten und auf dem Fußboden der Stiftshütte; niemand konnte vermeiden, es zu sehen. Ich bin entschlossen, mein Predigtamt gleicher Art zu machen und es mehr und mehr mit dem Versöhnungsblut zu besprengen. Nun, das viele Blut im Alten Bund sollte deutlich zeigen, dass die Sünde uns so befleckt hat, dass wir ohne eine Sühne uns Gott nicht nahen dürfen; wir müssen auf dem Wege des Opfers kommen oder gar nicht. Wir sind so unannehmbar in uns selber, dass, wenn Gott nicht das Blut Jesu auf uns sieht, Er uns verstoßen muss. Das alte Gesetz mit seinen Sinnbildern und Vorbildern stellte viele Wahrheiten vor Augen über den Zustand der Menschen und den kommenden Heiland und wollte dadurch Christus predigen. Wenn einige nicht bis zu Ihm gelangten, so verfehlten sie Absicht und Zweck des Gesetzes. Mose führt hin zu Josua, und das Gesetz endet mit Jesus.

Wenn wir unsere Gedanken mehr dem Sitten- als dem Zeremonialgesetz zuwenden, so sollte das die Menschen ihre gänzliche Hilflosigkeit lehren. Es zeigt ihnen, wie weit sie hinter dem zurückbleiben, was sie sein sollten, und es zeigt ihnen auch, wenn sie sorgfältig darauf blicken, wie ganz unmöglich es für sie ist, zu dieser Höhe hinaufzukommen. Solche Heiligkeit, wie das Gesetz verlangt, kann kein Mensch aus eigener Kraft erreichen. "Dein Gebot ist außerordentlich weit" (Ps 119,96; englische Übersetzung). Wenn ein Mensch sagt, er könne das Gesetz halten, so ist es, weil er nicht weiß, was das Gesetz ist. Wenn er meint, dass er zum Himmel hinaufklettern kann an dem bebenden Sinai, so ist gewiss, dass er nie diesen brennenden Berg gesehen haben kann. Das Gesetz halten! Ach, meine Brüder, während wir noch davon sprechen, brechen wir es; während wir behaupten, seinen Buchstaben erfüllen zu können, tun wir seinem Geist Gewalt an, denn Stolz bricht das Gesetz ebenso sehr wie Wollust oder Mord. "Wer will einen Reinen finden bei denen, da keiner rein ist? Wie rein mag sein eines Weibes Kind?" Nein, Seele, du kannst dir selber nicht helfen, denn da du nur im Falle der Vollkommenheit durch das Gesetz leben kannst und diese Vollkommenheit unmöglich ist, so kannst du in einem Bund der Werke keine Hilfe finden. In der Gnade ist Hoffnung, aber nicht als etwas, auf das wir ein Recht hätten, denn wir verdienen nichts als Zorn. Das Gesetz sagt uns dies, und je eher wir es wissen, desto besser, denn desto eher werden wir zu Christus fliehen.

Das Gesetz zeigt uns auch, was für uns notwendig ist - Reinigung, Reinigung mit dem Wasser und dem Blut. Es deckt uns unsere Befleckung auf, und dies bringt uns natürlich dahin, zu fühlen, dass wir davon rein gewaschen werden müssen, wenn wir je Gott nahe kommen sollen. So treibt das Gesetz uns dahin, Christus anzunehmen als den Einzigen, der uns reinigen und fähig machen kann, im Allerheiligsten vor des Höchsten Gegenwart zu stehen. Das Gesetz ist das Messer des Chirurgen, das das wilde Fleisch ausschneidet, damit die Wunde heilt. Das Gesetz tötet, das Evangelium macht lebendig; das Gesetz streift uns die Hüllen ab, und dann kommt Jesus Christus und kleidet die Seele in Schönheit und Herrlichkeit. Alle Gebote und alle Vorbilder weisen uns zu Christus, wenn wir nur auf ihre klare Absicht achten wollen. Sie entwöhnen uns von unserem Ich, sie bringen uns ab von der falschen Grundlage der Selbstgerechtigkeit und führen uns zu der Erkenntnis, dass allein in Christus unsere Hilfe gefunden werden kann. So ist Christus des Gesetzes Ende, weil Er das große Ziel desselben ist.

Und nun, zweitens, Er ist des Gesetzes Erfüllung. Es ist unmöglich für jemand von uns, errettet zu werden ohne Gerechtigkeit. Der Gott des Himmels und der Erde verlangt mit unabänderlicher Notwendigkeit Gerechtigkeit von allen seinen Geschöpfen. Nun, Christus ist gekommen, uns die Gerechtigkeit zu geben, die das Gesetz verlangt, die es aber nie verleiht. In dem Kapitel, das wir vor uns haben, lesen wir von der ,Gerechtigkeit aus dem Glauben, die auch "Gottes Gerechtigkeit" genannt wird; und wir lesen von denen, die "nicht zuschanden" werden sollen, weil sie glauben, "denn wenn man von Herzen glaubt, so wird man gerecht". Was das Gesetz nicht tun konnte, hat Jesus getan. Er gewährt die Gerechtigkeit, die das Gesetz fordert, aber nicht hervorbringen kann. Welch eine erstaunliche Gerechtigkeit muss das sein, die ebenso breit, tief, lang und hoch ist wie das Gesetz selber. Das Gebot ist außerordentlich weit, aber die Gerechtigkeit Christi ist ebenso weit wie das Gebot und geht bis zum Ende desselben. Christus kam nicht, das Gesetz milder zu machen oder es zu ermöglichen, dass unser geborstener und zertrümmerter Gehorsam angenommen werde als eine Art Kompromiss. Das Gesetz wird nicht gezwungen, seine Forderungen niedriger zu stellen, wie wenn es ursprünglich zuviel verlangt hätte; es ist heilig, gerecht und gut, und es sollte in keinem Jota oder Titel geändert werden und kann dies auch nicht.

Unser Herr gibt dem Gesetz alles, was es fordert, nicht nur einen Teil, denn dadurch würde eingeräumt, dass es zuerst mit weniger hätte zufrieden sein können. Das Gesetz fordert vollständigen Gehorsam ohne Flecken oder Runzel, Fehler oder Gebrechen, und Christus hat eine solche Gerechtigkeit gebracht und gibt diese seinem Volk. Das Gesetz verlangt, die Gerechtigkeit solle ohne Unterlassung der Pflicht und ohne Lust von Sünde sein, und die Gerechtigkeit, die Christus gebracht hat, ist gerade so, dass wegen ihr der große Gott die Seinen annimmt und sie ansieht, als wenn sie ohne Flecken, Runzel oder sonst etwas wären. Das Gesetz ist nicht zufrieden ohne geistlichen Gehorsam, die bloße äußere Erfüllung genügt nicht. Aber unseres Herrn Gehorsam war ebenso tief wie weit, denn sein Eifer, den Willen dessen zu tun, der Ihn gesandt hat, verzehrte Ihn. Er sagt selbst: "Deinen Willen, mein Gott, tue ich gern und Dein Gesetz habe ich in meinem Herzen!" Solche Gerechtigkeit zieht Er dem Gläubigen an, "durch eines Gehorsam werden viele Gerechte"; völlig gerecht, vollkommen in Christus. Wir freuen uns, das kostbare Kleid von schönem weißen Leinen zu tragen, das Jesus uns bereitet hat, und wir fühlen, dass wir damit bekleidet werden, vor der Majestät des Himmels ohne einen zitternden Gedanken erscheinen können. Dies ist etwas, wobei wir verweilen können, liebe Freunde. Nur als Gerechte können wir selig werden, aber Jesus Christus macht uns gerecht, und deshalb werden wir selig. Wer an Ihn glaubt, der ist gerecht, eben wie Abraham an Ihn glaubte, und das "wurde ihm zur Gerechtigkeit gerechnet." So ist nun nichts Verdammenswertes an denen, die in Christus Jesus sind, weil sie in Christus gerecht gemacht sind. Ja, der Heilige Geist fordert durch den Mund des Paulus alle Menschen, Engel und Teufel heraus, ob sie die Erwählten Gottes beschuldigen können, da Christus für sie gestorben ist. O Gesetz, wenn du von mir eine vollkommene Gerechtigkeit verlangst, ich, als ein Gläubiger, bringe sie dir dar; denn durch Jesus Christus wird mir der Glaube zur Gerechtigkeit gerechnet. Die Gerechtigkeit Christi ist mein, denn ich bin durch den Glauben eins mit Ihm, und der Name, womit Er genannt werden soll, ist: "Der Herr unsere Gerechtigkeit."

Jesus hat so die ursprünglichen Forderungen des Gesetzes erfüllt, aber ihr wisst, Brüder, dass andere Forderungen da sind, weil wir das Gesetz gebrochen haben. Zur Vergebung früherer Sünden ist etwas mehr erforderlich als gegenwärtiger und kräftiger Gehorsam. Über uns ist wegen unserer Sünde der Fluch ausgesprochen und wir sind einer Strafe verfallen. Es steht geschrieben, dass Er "die Missetat heimsuchen" will, und jede Übertretung und Sünde soll ihre gerechte Vergeltung und Strafe finden. Hier denn lasst uns bewundern, dass Jesus Christus das Ende des Gesetzes in Bezug auf die Strafe ist: Jener Fluch und jene Strafe sind furchtbare Dinge, aber Christus hat all ihrem Übel ein Ende gemacht und so uns von allen Folgen der Sünde befreit. Über den Gläubigen spricht das Gesetz keinen Fluch aus und verlangt keine Bestrafung für ihn. Der Gläubige kann auf den großen Bürgen am Kreuz auf Golgatha hinweisen und sagen: "Siehe da, o Gesetz, da ist die Genugtuung für die göttliche Gerechtigkeit, welche ich dir biete. Jesus, der sein Herzblut vergießt und für mich stirbt, ist meine Antwort auf deine Ansprüche, und ich weiß, dass ich durch Ihn vom Zorn Gottes erlöst bin." Die Forderungen des Gesetzes, sowohl des ungebrochenen wie des gebrochenen, hat Christus erfüllt; beides, die Ansprüche aufgrund der Tat und der Strafe, sind in Ihm befriedigt. Dies war eine Arbeit, würdig eines Gottes, und siehe, der menschgewordene Gott hat sie vollbracht. Er hat dem Übertreten gewehrt, die Sünde versiegelt, die Missetat versöhnt und die ewige Gerechtigkeit gebracht. Ruhm sei seinem Namen.

Ferner ist nicht nur die Strafe gebüßt, sondern Christus hat dem Gesetz große und besondere Ehre verliehen. Ich wage zu sagen: wenn das ganze menschliche Geschlecht das Gesetz Gottes gehalten und nicht ein einziger es gebrochen hätte, so würde das Gesetz nicht so glänzend geehrt dastehen, wie es heute tut, da der Mensch Jesus Christus, der auch der Sohn Gottes ist, es erfüllt hat. Gott selber, der Mensch wurde, hat in seinem Leben und noch mehr in seinem Tod die Erhabenheit des Gesetzes offenbart. Er hat gezeigt, dass nicht einmal Liebe oder Herrschermacht die Gerechtigkeit beiseite setzen kann. Wer wird ein Wort gegen ein Gesetz sagen, dem der Gesetzgeber selbst sich unterordnet? Wer wird nun sagen, dass es zu streng ist, wenn der, der es machte, sich selbst seiner Strafe unterwirft? Weil Er an Gestalt erfunden wurde als ein Mensch und unser Stellvertreter war, forderte der Herr von seinem eigenen Sohn vollkommenen Gehorsam gegen das Gesetz, und der Sohn beugte sich freiwillig, ohne ein einziges Wort, darunter, Er hatte keine Einwände gegen seine Aufgabe. "Ja, Dein Gesetz ist meine Freude", sagte Er, und Er bewies dies, indem Er es völlig hielt. O, wundervolles Gesetz, unter dem sogar Immanuel dient! O, unvergleichliches Gesetz, dessen Joch selbst der Sohn Gottes nicht zu tragen verschmäht; entschlossen, seine Erwählten zu retten, wurde Er unter das Gesetz getan, lebte darunter und starb darunter, "gehorsam bis zum Tod, ja bis zum Tod am Kreuz."

Des Gesetzes Dauer ist auch durch Christus gesichert. Das allein kann bleiben, was sich als gerecht erwiesen hat, und Jesus hat das Gesetz als solches hingestellt, hat es geehrt und begriffen. Er spricht: ‚Ihr sollt nicht meinen, dass ich gekommen bin, das Gesetz oder die Propheten aufzulösen. Ich bin nicht gekommen, aufzulösen, sondern zu erfüllen. Denn ich sage euch, wahrlich, bis dass Himmel und Erde vergehen, wird nicht vergehen der kleinste Buchstabe noch ein Titel vom Gesetz, bis dass es alles geschehe."

Ich werde euch zu zeigen haben, wie Er dem Gesetz ein Ende machte in anderem Sinne; aber was die ewigen Grundsätze von Recht und Unrecht betrifft, so hat Christi Leben und Tod diese für immer festgestellt. "Wir richten das Gesetz auf", sagt Paulus, "wir heben es nicht auf durch den Glauben." Das Gesetz ist gerade durch das Evangelium des Glaubens als heilig und gerecht erwiesen, denn das Evangelium, an das wir glauben, ändert nicht das Gesetz und stellt es nicht niedriger, sondern lehrt uns, wie es bis aufs genaueste erfüllt wurde. Nun wird das Gesetz auf ewig feststehen, da Gott es nicht einmal ändern will, um die Erwählten zu retten. Er hatte ein Volk auswählt, geliebt und zum Leben verordnet, doch wollte Er dies nicht selig machen auf Kosten eines einzigen Rechtsgrundsatzes. Sie waren sündig, und wie konnten sie gerechtfertigt werden, ohne dass das Gesetz aufgehoben oder geändert wurde? Wurde denn das Gesetz geändert? Es schien, als ob es geschehen müsse, wenn der Mensch selig werden sollte, aber Jesus Christus kam und zeigte uns, wie das Gesetz feststehen könnte wie ein Felsen, und doch die Erlösten gerechterweise durch die unendliche Barmherzigkeit errettet werden könnten. In Christus sehen wir beides, die Gnade und die Gerechtigkeit in vollem Glanze strahlen und doch verfinstert keine von beiden irgendwie die andere. Das Gesetz hat alles, was es je verlangte, wie es das haben muss, und doch sieht der Vater aller Barmherzigkeit alle seine Erwählten gerettet, wie Er beschloss, dass sie es sein sollten durch den Tod seines Sohnes. So habe ich versucht, euch zu zeigen, wie Christus die Erfüllung des Gesetzes bis zu seinem äußersten Ende ist. Möge der Heilige Geist die vorgetragene Lehre segnen.

Und nun drittens: Er ist das Ende des Gesetzes in dem Sinne, dass Er die Beendigung desselben ist. Er hat es in zweierlei Art beendet. Zuerst vor allem, sein Volk ist nicht unter dem Gesetz als unter einem Bund des Lebens. "Wir sind nicht unter dem Gesetz, sondern unter der Gnade." Der Alte Bund, wie er mit dem Vater Adam gemacht war, lautete: "Tue dies, so wirst du leben"; sein Gebot hielt er nicht und folglich blieb er nicht lebendig, und wir leben auch nicht in ihm, da wir in Adam alle starben. Der Alte Bund war gebrochen und wir wurden deshalb verdammt; aber nun, da wir in Christus den Tod erlitten haben, sind wir nicht mehr unter ihm, sondern sind ihm gestorben. Brüder, in diesem gegenwärtigen Augenblick, obgleich wir uns freuen, gute Werke zu tun, suchen wir doch durch sie nicht das Leben; wir hoffen nicht die göttliche Gunst durch unser eigenes Gutsein zu erlangen, nicht einmal uns in der Liebe Gottes durch irgendwelches Verdienst zu bewahren. Erwählt, nicht wegen unserer Werke, sondern nach dem ewigen Willen und Wohlgefallen Gottes; berufen, nicht aus Werken, sondern durch den Geist Gottes, wünschen wir in dieser Gnade zu bleiben und nicht mehr zur Knechtschaft des Alten Bundes zurückzukehren. Da wir unser Vertrauen auf eine Versöhnung setzen, die aus Gnade durch Jesus Christus gestiftet und gegeben wird, so sind wir nicht mehr Sklaven, sondern Kinder, tun nicht Werke, um errettet zu werden, sondern sind schon errettet, und weil wir dies sind, tun wir Werke. Weder das, was wir tun, noch selbst das, was der Geist Gottes in uns wirkt, ist für uns der Grund der Liebe Gottes zu uns, da Er uns von Anfang an geliebt hat, weil Er uns lieben wollte, unwürdig, wie wir es sind; und Er liebt uns noch in Christus und sieht auf uns, nicht wie wir in uns selbst sind, sondern wie wir in Ihm sind, gewaschen in seinem Blut und bedeckt mit seiner Gerechtigkeit. Ihr seid nicht unter dem Gesetz, Christus hat die knechtische Gebundenheit unter einen verdammenden Bund von euch genommen und euch die Kindschaft verliehen, so dass ihr jetzt ruft: "Abba, lieber Vater!"

Weiter, Christus ist der Vollender des Gesetzes, denn wir sind nicht länger unter seinem Fluch. Das Gesetz kann einen Gläubigen nicht verfluchen, es weiß das nicht anzufangen; es segnet ihn, ja, und er soll gesegnet sein; denn da das Gesetz Gerechtigkeit verlangt und den Gläubigen ansieht, wie Jesus ihm alle verlangte Gerechtigkeit gegeben hat, so ist das Gesetz verbunden, ihn für gesegnet zu erklären. "Wohl dem, dem die Übertretungen vergeben sind, dem die Sünde bedeckt ist. Wohl dem Menschen, dem der Herr die Missetat nicht zurechnet, in dessen Geist kein Falsch ist." O, die Freude, von dem

Fluch des Gesetzes durch Christus erlöst zu sein, der "für uns zum Fluch gemacht wurde", denn es steht geschrieben: "Verflucht ist jedermann, der am Holz hängt." Versteht ihr, meine Brüder, das süße Geheimnis des Heils? Habt ihr jemals Christus an eurer Stelle stehen sehen, damit ihr an seiner Stelle stehen möchtet? Christus angeklagt und Christus verurteilt, Christus zum Tod hinausgeführt und Christus vom Vater geschlagen, selbst bis zum Tod, und dann euch gereinigt, gerechtfertigt, befreit von dem Fluch, weil der Fluch sich über euren Erlöser ergossen hat? Ihr dürft euch des Segens erfreuen, weil die Gerechtigkeit, welche sein war, nun auf euch übertragen ist, damit ihr in alle Ewigkeit vom Herrn gesegnet wäret. Lasst uns triumphieren und uns darüber ewig freuen. Warum sollten wir nicht? Und doch gehen einige aus dem Volk Gottes wieder unter das Gesetz zurück mit ihren Gefühlen und fangen an zu fürchten, dass, weil sie sich der Sünde bewusst sind, sie nicht errettet seien, während doch geschrieben steht: "Er macht die Gottlosen gerecht." Ich für meine Person liebe es, nahe bei einem Heiland der Sünder zu leben. Wenn mein Stand vor dem Herrn von dem abhinge, was ich in mir selber bin und welche guten Werke und Gerechtigkeit ich bringen könnte, gewiss, ich würde mich tausendmal an einem Tag zu verdammen haben. Aber davon sich abzuwenden und zu sagen: "Ich habe an Jesus Christus geglaubt und deshalb ist die Gerechtigkeit mein", das ist Friede, Ruhe, Freude und der Beginn des Himmels! Wenn jemand zu dieser Erfahrung kommt, so beginnt seine Liebe zu Jesus Christus aufzuflammen, und er fühlt, wenn der Erlöser ihn von dem Fluch des Gesetzes befreit hat, so will er auch nicht in der Sünde beharren, sondern versuchen, in einem neuen Leben zu wandeln. Wir gehören nicht uns selbst, wir sind teuer erkauft, und wir wollen daher Gott preisen an unserem Leib und unserm Geist, welche sind des Herrn. So viel von Christus in Verbindung mit dem Gesetze.

Nun zweitens, *von uns selbst in Verbindung mit Christus,* denn: "Christus ist das Ende des Gesetzes für jeden, der da glaubt." Nun seht das Wort an: "für jeden, der da glaubt" - da liegt der Nachdruck. Komm, Mann, Weib, glaubst du? Keine wichtigere Frage kann unter dem Himmel gestellt werden. "Glaubst du an den Sohn Gottes?" Und was heißt es, glauben? Es ist nicht bloß eine Reihe von Lehren anzunehmen und zu sagen, das und das Glaubensbekenntnis sei das eurige und es dann aufs Gesims zu stellen und zu vergessen. Glauben heißt: vertrauen, sich verlassen, Zuversicht haben, ruhen. Glaubst du, dass Jesus Christus von den Toten auferstanden ist? Glaubst du, dass Er an des Sünders statt stand und dass der Gerechte für den Ungerechten litt? Glaubst du, dass Er für immer alle selig machen kann, die durch Ihn zu Gott kommen? Und legst du daher das ganze Gewicht und die ganze Schwere deines Seelenheils auf Ihn, ja, auf Ihn allein? Ach, dann ist Christus das Ende des Gesetzes zur Gerechtigkeit für dich, und du bist gerecht. In die Gerechtigkeit Gottes bist du gekleidet, wenn du glaubst. Es nützt nichts, irgendetwas anderes darzubringen, wenn du nicht gläubig bist, denn nichts wird helfen. Wenn der Glaube fehlt, so ist das Wesentliche nicht da; Sakramente, Gebete, Bibellesen, Hören des Evangeliums, du magst dies alles aufeinander häufen, hoch wie die Sterne, zu einem Berg, groß wie der hehre Olymp, doch ist es alles nur Spreu, wenn der Glaube fehlt. Es ist dein Glauben oder Nichtglauben, welches die Sache entscheidet. Blickst du von dir selbst hinweg auf Jesus, um deine Gerechtigkeit da zu suchen? Wenn du es tust, so ist Er das Ende des Gesetzes für dich.

Nun bemerkt auch, dass hier keine Frage gestellt wird über das, was der Mensch früher war, denn es steht geschrieben: "Christus ist das Ende des Gesetzes zur Gerechtigkeit für jeden, der da glaubt." Aber, Herr, dieser Mann war früher ein Verfolger und tat viel Schaden, er wütete und raste gegen die Heiligen, brachte sie ins Gefängnis und suchte ihr Blut. Ja, lieber Freund, und das ist derselbe Mann, der durch den Heiligen Geist diese Worte schrieb: "Christus ist das Ende des Gesetzes zur Gerechtigkeit für jeden, der da glaubt." So, wenn ich heute zu jemand spreche, dessen Leben mit jeder Sünde verunreinigt ist und befleckt mit jeder Übertretung, die wir uns vorstellen können, so sage ich ihm doch, bedenke, "alle Sünde und Lästerung wird den Menschen vergeben". Wenn du an den Herrn Jesus Christus glaubst, so werden deine Missetaten ausgetilgt, denn "das Blut Jesu Christi, des Sohnes Gottes, macht uns rein von aller

Sünde". Dies ist die Herrlichkeit des Evangeliums, dass es eines Sünders Evangelium ist; gute Botschaft des Segens, nicht für die ohne Sünde, sondern für die, welche sie bekennen und davon ablassen. Jesus kam in die Welt, nicht um die Sündlosen zu belohnen, sondern um zu suchen und selig zu machen, was verloren ist; und der Verlorene und von Gott Entfernte, der sich Gott durch Christus naht und an Ihn glaubt, wird finden, dass Er dem Schuldigen Gerechtigkeit verleihen kann. Er ist das Ende des Gesetzes zur Gerechtigkeit für jeden, der da glaubt, für die arme Hure, die da glaubt, für den Trunkenbold von vielen Jahren, der da glaubt, für den Dieb, den Lügner und den Spötter, der da glaubt, für die, welche zuvor in Sünden geschwelgt haben, aber sich nun davon abkehren und auf Ihn trauen. Aber ich weiß nicht, dass ich nötig hätte, solche Fälle wie diese zu erwähnen. Für mich ist es die wunderbarste Tatsache, dass Christus das Ende des Gesetzes zur Gerechtigkeit für mich ist, denn ich glaube an Ihn. Ich weiß, an wen ich glaube, und bin gewiss, dass Er das, was ich Ihm anvertraut habe, bis auf jenen Tag bewahren kann.

Ein anderer Gedanke entspringt aus dem Text, und das ist, dass nichts davon gesagt ist, dass ein gewisses Maß des Glaubens nötig sei. Er ist das Ende des Gesetzes zur Gerechtigkeit für jeden, der da glaubt, ob es "Kleinglaube" oder "Großherz" ist. Jesus beschützt den Nachtrab genauso wie den Vortrab. Es ist kein Unterschied zwischen den Gläubigen in der Rechtfertigung. So lange eine Verbindung zwischen dir und Christus da ist, ist die Gerechtigkeit Gottes dein. Die Verbindungskette mag einem dünnen Häutchen gleichen, dem Faden eines Spinngewebes von zitterndem Glauben, aber wenn sie von deinem Herzen bis zu Christus läuft, so kann und wird die göttliche Gnade an dem zartesten Faden herabfließen.

Es ist wunderbar, wie fein der Draht sein kann, der den elektrischen Strom weiterleitet. Wir mögen ein Kabel nötig haben, um eine Botschaft übers Meer zu tragen, aber das ist zum Schutz des Drahtes, dieser selbst ist ein dünnes Ding. Wenn dein Glaube von der Art des Senfkorns ist, wenn es nur ein solcher ist, der zitternd den Saum von des Heilands Gewand anrührt, wenn du nur sagen kannst:

"Herr, ich glaube, hilf meinem Unglauben", wenn es nur der Glaube des sinkenden Petrus oder der weinenden Maria ist, dennoch, wenn es Glaube an Christus ist, so wird Er genauso das Ende des Gesetzes für dich wie für den ersten der Apostel sein. Wenn dies so ist, geliebte Freunde, so sind wir alle, die da glauben, gerecht. Durch den Glauben an Jesus Christus haben wir die Gerechtigkeit erlangt, von der die, die den Werken des Gesetzes folgen, nichts wissen. Wir sind nicht vollständig geheiligt, wollte Gott, wir wären es; wir sind nicht frei von Sünde in unseren Gliedern, obgleich wir sie hassen; aber trotz alledem sind wir in den Augen Gottes wirklich gerecht und haben durch den Glauben Frieden mit Gott. Kommt, schaut hinauf, ihr Gläubigen, die ihr mit einem Gefühl der Sünde beladen seid. Ob ihr euch auch selber straft und eure Sünde betrauert, zweifelt nicht an eurem Heiland, stellt seine Gerechtigkeit nicht in Frage. Ihr seid schwarz, aber bleibt dabei nicht stehen, sondern sprecht, wie die Braut im Hohelied: "Ich bin schwarz, aber gar lieblich."

"An mir und meinem Leben
Ist nichts auf dieser Erd',
Was Christus mir gegeben."

Nun merkt, dass der Zusammenhang unseres Textes uns versichert, dass wir, da wir gerecht sind, errettet sind. Denn was lesen wir hier: "So du mit deinem Mund Jesus bekennst, dass Er der Herr sei, und glaubst in deinem Herzen, dass Ihn Gott von den Toten auferweckt hat, so wirst du selig." Wer gerechtfertigt ist, wird selig. Was wäre sonst der Nutzen der Rechtfertigung? Über dich, o Gläubiger, hat Gott das Urteil ausgesprochen: "Errettet!" Und niemand soll es umstoßen. Du bist errettet von Sünde, Tod und Hölle; du bist jetzt errettet mit einem gegenwärtigen Heil durch den, der uns selig gemacht und berufen hat mit einem heiligen Ruf. Fühle das Entzücken davon zu dieser Stunde. "Geliebte, nun sind wir Gottes Kinder."

Und nun bin ich fertig, wenn ich nur noch dieses gesagt habe. Wenn jemand hier denkt, dass er sich selbst selig machen kann und dass seine eigene Gerechtigkeit vor Gott geringer wird, so möchte ich ihn herzlich bitten, seinen Heiland nicht zu beschimpfen. Wenn deine Gerechtigkeit genügte, warum kam Christus denn, um eine zu bringen? Willst du einen Augenblick lang deine Gerechtigkeit mit der Gerechtigkeit Jesu Christi vergleichen? Welche Ähnlichkeit ist zwischen dir und Ihm? Soviel wie zwischen einer Eintagsfliege und einem Erzengel. Nein, nicht soviel; soviel wie zwischen Nacht und Tag, Hölle und Himmel. O, wenn ich eine eigene Gerechtigkeit hätte, die niemand tadeln könnte, so wollte ich sie freiwillig wegschleudern, um die Gerechtigkeit Christi zu haben, aber da ich keine eigene habe, so freue ich mich um so mehr, die meines Herrn zu haben. Als Whitefield[16] zuerst in Kingswood vor den Kohlengräbern predigte, konnte er an den weißen Rinnen, welche die Tränen machten, die die schwarzen Wangen hinunterliefen, sehen, dass ihre Herzen gerührt wurden. Er sah, dass sie das Evangelium aufnahmen und schreibt in seinem Tagebuch: "Da diese armen Kohlengräber keine eigene Gerechtigkeit hatten, so freuten sie sich in Ihm, der kam, um Sünder und Zöllner zu retten." Wohl, Whitefield, das ist wahr von den Kohlengräbern, aber es ist ebenso wahr von vielen unter uns hier, die keine schwarzen Gesichter gehabt haben mögen, aber schwarze Herzen hatten. Wir können mit Wahrheit sagen, dass auch wir unsere eigene Gerechtigkeit weggeworfen und sie für Schaden und Unrat geachtet haben, damit wir Christus gewinnen und in Ihm erfunden werden. In Ihm ist unsere einzige Hoffnung und einzige Zuversicht.

Zuletzt: wenn einige von euch die Gerechtigkeit Christi ausschlagen, so werden sie ewiglich verderben, denn es kann nicht sein, dass Gott euch oder eure vorgegebene Gerechtigkeit annimmt, wenn ihr die wirkliche und göttliche verwerft, die Er euch in seinem Sohn anbietet. Wenn du hinauf zu den Toren des Himmels gehen könntest und die Engel dich fragten: "Was für ein Recht zum Eintritt hast du hier?" und du antwortetest: "Ich habe meine eigene

---

[16] George Whitefield (1714-1770) ist der vielleicht bedeutendste Evangelist des 18. Jahrhunderts, der mit John und Charles Wesley kooperierte und als Begründer des Methodismus gelten kann. Die denkwürdige Predigt in Kingswood, Bristol, hielt Whitefield am 17. Februar 1739. Viele andere, darunter auch die Wesley Brüder, folgten daraufhin seinem Beispiel und fingen an im Freien zu predigen.

Gerechtigkeit" und du dann eingelassen würdest, so hieße das, die Entscheidung abgeben, dass deine Gerechtigkeit derjenigen Immanuels gleich stünde. Kann das je sein? Meinst du, dass Gott je erlaubte, dass eine solche Lüge bestätigt würde? Willst du die nachgeahmte Gerechtigkeit eines armen, elenden Sünders neben dem feinen Gold der Vollkommenheit Christi als gültig kursieren lassen? Warum wurde der Born mit Blut gefüllt, wenn du kein Waschen nötig hast? Ist Christus überflüssig?

O, das kann nicht sein. Du musst Christi Gerechtigkeit haben oder ungerecht sein, und wenn du ungerecht bist, so bist du nicht errettet, und wenn du nicht errettet bist, so musst du in alle Ewigkeit verloren bleiben. Was?! Läuft es denn alles darauf hinaus, dass ich an den Herrn Jesus Christus zur Gerechtigkeit glauben und durch den Glauben gerecht werden muss? Ja, das ist es, das ist das Ganze. Was?! Nur auf Christus vertrauen, und dann leben, wie es mir gefällt? Du kannst nicht in Sünde leben, nachdem du Jesus vertraust, denn der Glaube bringt eine Umwandlung deiner Natur und Erneuerung deiner Seele mit dir. Der Geist Gottes, der dich zum Glauben führt, wird auch dein Herz ändern. Du sprachst von "leben, wie es dir gefällt"; dir wird gefallen, was sehr verschieden ist von dem, was du jetzt tust. Die Dinge, die du vor deiner Bekehrung liebtest, wirst du hassen, wenn du gläubig bist, und die Dinge, die du hasstest, wirst du lieben. Nun versuchst du, gut zu sein und kommst darin zu kurz, weil dein Herz fern von Gott ist, aber wenn du einmal das Heil durch das Blut Christi erlangt hast, so wird dein Herz Gott lieben und du wirst seine Gebote halten und sie werden dir nicht länger schwer scheinen. Eine Umwandlung des Herzens ist es, die du brauchst, und du wirst sie nie anders erhalten als durch den Gnadenbund. Es ist kein Wort von Bekehrung im Alten Bund, wir müssen das im Neuen Bund suchen. Aber hier ist ein Wort, wie es herrlicher auch im Neuen Bund nicht gefunden wird: "Dann will ich reines Wasser über euch sprengen, dass ihr rein werdet von aller eurer Unreinheit, und von allen euren Götzen will ich euch reinigen. Und will euch ein neues Herz und einen neuen Geist in euch geben, und will das steinerne Herz aus eurem Fleisch wegnehmen, und euch ein fleischernes Herz geben. Ich will meinen Geist in euch geben und will solche Leute aus euch machen, die in meinen Geboten wandeln und meine Rechte halten und danach tun." Dies ist eine der größten Verheißungen des Alten Bundes, und der Heilige Geist erfüllt sie in den Auserwählten. O, dass der Herr euch sanft überredete, an Jesus Christus zu glauben, so werden diese Verheißungen und alle anderen Bundesversprechungen in eurer Seele erfüllt werden. Der Herr segne euch und meine schwachen Worte um Jesu willen. Amen. Zuflucht des Sünders zu Christus. Wo fliehst du, armer Sünder, hin? Wie ist dir nun zu raten? Du sprichst:

"Weil ich beladen bin mit tausend Missetaten,
So wird mich doch dies schwere Joch
Bis in die Hölle drücken.
Sei guten Muts, viel tausend Gut's
Soll dich mit Trost erquicken.
Wer hofft in Gott und dem vertraut,
Darf nimmermehr verzagen.

Er hat auf einen Fels gebaut,
Den kann kein Sturm zerschlagen;
Will Sünd' und Not, will Höll' und Tod
Ihn zur Verzweiflung treiben,
So steh' er fest, denn Jesus lässt
Ihn ohne Trost nicht bleiben.

Wie könnte doch der liebe Gott
Das in sein Herze bringen,
Dass wir in unsrer Seelennot
So hilflos untergingen?
Er ist ja schon durch seinen Sohn
Versöhnet mit uns Armen:
Wenn wir auf den im Glauben seh'n,
So muss sich Gott erbarmen.

Drum, Sünder! drückt dich deine Schuld,
So falle Gott zu Fuße:
Es folgt gewisse Gnad' und Huld
Auf wahre Reu' und Buße.

Des Glaubens Kraft, die alles schafft,
Weiß Gottes Herz zu fassen;
Dasselbe bricht und kann dich nicht
Zuschanden werden lassen.

So tröste dich, erlöster Christ!
Wie groß auch sei dein Schade;
Obgleich die Sünde mächtig ist,
Viel mächt'ger ist die Gnade:
Denn Christi Blut macht alles gut;
Was Er damit erworben,
Misst dir Gott zu, als wärest du,
Wie Christus selbst, gestorben." Amen.

VON DER STELLVERTRETENDEN GENUGTUUNG CHRISTI[17]

"Auf dass Er allein gerecht sei und gerecht mache den, der da ist des Glaubens an Jesus."

Römer 3,26

"Er ist gerecht, dass Er uns die Sünden vergibt und reinigt uns von aller Untugend."

1.Johannes 1,9

Wenn die Seele vom Bewusstsein ihrer Schuld ernstlich niedergedrückt wird, wenn Schrecken und Unruhe über die unvermeidlichen Folgen ihrer Sünde sie erfassen, da fürchtet sich die Seele vor Gott. Zwar erbebt sie zu solcher Zeit vor jeder Eigenschaft der Gottheit, aber ganz besonders fürchtet der Sünder die Gerechtigkeit Gottes. "Ach!" - spricht er zu sich selbst - "Gott ist ein gerechter Gott, und wenn dies so ist, wie kann Er mir meine Sünden vergeben? Denn meine Missetaten schreien laut nach Strafe und meine Übertretungen fordern, dass Gottes Rechte mich zu Boden schlage. Wie ist es möglich, dass ich errettet werde? Ja, wäre Gott ungerecht, so möchte Er mir vielleicht vergeben; aber ach, so ist es nicht, sondern seine Gerechtigkeit ist eine furchtbare Wahrheit. Er misst Gerechtigkeit nach dem Bleilot und Geradheit nach der Schnur. Er ist der Richter des ganzen Erdbodens und lässt jedem sein Recht widerfahren. Wie kann ich also seinem gerechten Grimm entrinnen, von welchem Er gegen mich entbrannt ist?" Fürwahr, wir müssen gestehen, dass der Sünder ganz Recht hat, wenn er fühlt, dass

---

[17] Gehalten am Sonntagmorgen, den 29. Mai 1859, in der Music Hall, Royal Surrey Garden.

dies eine sehr schwierige Frage ist. Die Gerechtigkeit Gottes ist in sich selbst eine große Schranke für die Erlösung der Sünder. Da gibt es nun kein anderes Mittel, diese Schranke zu überschreiten oder sie zu entfernen, als dies eine, welches euch heute durch das Evangelium unseres Herrn Jesus Christus verkündigt werden soll. Es ist wahr: Gott ist gerecht. Es predigt euch das alte Sodom, wie Gott Feuer und Schwefel vom Himmel regnen ließ über die Missetat der Menschen. Es predigt euch die in der Sündflut ersäufte Welt, wie Gott die Schleusen der Brunnen der großen Tiefe öffnete und die rauschenden Wasser hervorströmen und alles, was da lebte, verschlingen ließ. Es predigt euch die Erde, welche einst ihren Schlund öffnete, als Korach, Datan und Abiram sich gegen Gott empörten. Es predigen euch die begrabenen Städte Ninives und die zerstreuten Trümmer von Tyrus und Sidon, dass Gott gerecht ist und auf keinen Fall die Schuldigen verschont.

Und, was das Erschütterndste von allem ist, es predigt euch der Hölle unergründlicher Pfuhl, welch ein gewaltiges Strafgericht Gott über die Sünden der Menschen verhängt. Könnte nur das Stöhnen und Ächzen, könnten die Seufzer und das Angstgeschrei der von Gott verdammten Geister zu euren Ohren dringen, sie würden sie euch bezeugen, dass Gott nicht ein Gott ist, der die Schuldigen ungestraft lässt und der Missetat, Übertretung und Sünde übersieht, sondern der jeden zu strafen droht, der sich widersetzt, und welcher der Gerechtigkeit für jede Verletzung derselben volle Genüge widerfahren lassen will. Ja, der Sünder hat ganz Recht, wenn er davon überzeugt ist, dass Gott gerecht ist, und er hat Recht, wenn er daraus den Schluss zieht, dass Gott wegen seiner Gerechtigkeit die Sünde bestrafen muss. O Sünder! Wollte Gott deine Sünde nicht bestrafen, so hätte Er aufgehört, das zu sein, was Er allezeit gewesen ist: der streng Gerechte, der unwandelbar Redliche. Noch nie seit der Schöpfung der Welt ist eine Sünde unbedingt und ohne Sühneopfer verziehen worden. Noch nie ist vom großen Richter des Himmels eine Übertretung vergeben worden, ohne dass das Gesetz volle Genugtuung empfangen hätte. Ja, du hast Recht, o überführter Sünder, dass es immer und ewig bis ans Ende so bleiben wird: dass jede Übertretung ihre gerechte Vergeltung finden, jede Missetat ihre

Streiche empfangen, jede Sünde ihre Verdammnis ernten wird. Aber da spricht nun der Sünder: "Wehe, so bin ich ja ausgeschlossen vom Himmel. Wenn Gott gerecht ist und die Sünde bestrafen muss, was soll ich da anfangen? Es schreitet die Gerechtigkeit, gleich einem schwarzen Engel, über die Straße der Barmherzigkeit, lechzend nach Blut und geflügelt zum Verderben stellt sie mit gezücktem Schwert sich mir in den Weg und droht mich rückwärts zu treiben hinein in den Abgrund des Todes und des ewig brennenden Pfuhls." Sünder, du hast Recht; so ist es. Wäre nicht das Evangelium vorhanden, welches ich jetzt dir predigen will, so wäre die Gerechtigkeit deine Widersacherin, deine unwiderstehliche, rechtmäßige, unersättliche Feindin. Sie kann es nicht dulden, dass du in den Himmel eingehest, denn du hast gesündigt, und gestraft muss sie werden, diese Sünde, und geahndet muss sie werden, diese Übertretung, so lange Gott Gott bleibt - der heilige, der gerechte Gott.

Ist es also unmöglich, dass der Sünder errettet werden kann? Hierin liegt eben das große Rätsel des Gesetzes und die gewaltige Entdeckungdes Evangeliums. Staune, o Himmel, bewundere es, o Erde: gerade jene Gerechtigkeit, die sich dem Sünder in den Weg stellte und verhinderte, dass ihm vergeben wurde, ist versöhnt worden durch das Evangelium Jesu Christi; durch das teure Sühneopfer, das auf Golgatha dargebracht worden ist, ist der Gerechtigkeit Genugtuung geleistet worden, und seitdem hat sie ihr Schwert in die Scheide gesteckt und kein Wort zu sagen gegen die Vergebung des bußfertigen Sünders. Ja, noch mehr! Diese Gerechtigkeit, welche einst so zornig war, deren Antlitz leuchtete wie der Blitz, und deren Stimme dem Donner glich, sie ist jetzt des Sünders Sachwalterin und rechtet selbst mit ihrer gewaltigen Stimme mit Gott, dass, wer nur immer seine Sünden bekennt, Verzeihung finden und von all seiner Untugend gereinigt werden soll.

Unsere Aufgabe ist nun, zuerst auf Grund des ersten Textes - "dass Gott allein gerecht sei, und gerecht mache den, der da ist des Glaubens an Jesus" - zu zeigen, wie die Gerechtigkeit nicht mehr des Sünders Feindin sei; und sodann zweitens, dass die Gerechtigkeit des Sünders Sachwalterin geworden ist, gemäß unserem zweiten Text -

105

"dass Gott treu und gerecht ist, dass Er uns die Sünden vergibt und reinigt uns von aller Untugend."

Aber hier muss ich eine Warnung aussprechen. Ich werde nämlich jetzt nur zu solchen sprechen, die ihre Schuld fühlen und bereit sind, ihre Sünde zu bekennen. Denn für diejenigen, die ihre Sünde immer noch lieben und ihre Schuld nicht anerkennen wollen, gibt es keine Verheißung des Erbarmens und der Gnade. Ihnen eröffnet sich der grauenvolle Blick in die Zukunft des Gerichts. "Wer wider die Strafe halsstarrig ist, wird plötzlich verderben ohne alle Hilfe." Die Seele, welche eine solche Seligkeit nicht achtet, kann nicht entfliehen; kein Hintertürchen ist zum Entfliehen offen gelassen für sie. Hätte der Herr uns nicht dazu gebracht, dass wir das Bedürfnis nach Erbarmen fühlen, hätte Er uns nicht genötigt, zu bekennen, dass, wenn Er uns nicht Barmherzigkeit widerfahren ließe, wir gerechterweise vergehen müssten, und, was noch mehr ist, hätte Er uns nicht dazu bereitwillig gemacht, uns jeder Bedingung, die Er aufstellen würde, zu unterwerfen, wenn wir nur überhaupt errettet werden könnten, so wäre dieses Evangelium, über welches ich jetzt predigen will, nicht das unsrige. Aber wenn wir von unserer Sünde überzeugt sind und vor dem Donner des göttlichen Grimms erzittern, so wird jedes Wort, das ich jetzt zu euch reden werde, voll von Ermutigung und Trost für euch sein.

Also zum Ersten: *Wie ist die Gerechtigkeit beseitigt worden?* Oder vielmehr: Wie ist ihr solche Genugtuung geleistet worden, dass sie der göttlichen Rechtfertigung des Sünders nicht mehr im Wege steht?

Die eine Antwort darauf ist diese: Der Gerechtigkeit ist Genugtuung geschehen durch den stellvertretenden Tod unseres hochgelobten Herrn und Heilands Jesus Christus. Als der Mensch sündigte, verlangte das Gesetz, dass er bestraft werden müsse. Die erste sündige Tat wurde von Adam begangen, welcher das ganze Menschengeschlecht vertritt. Als nun Gott die Sünde strafen wollte, da fand Er in seinem unendlichen Geist einen segensreichen Ausweg, indem Er nicht sein Volk strafte, sondern nur ihren Vertreter, das Bundeshaupt, den zweiten Adam. Durch einen Mann, und zwar den ersten Menschen, ist es geschehen, dass die Sünde in die Welt gekommen ist, und der Tod durch die Sünde, und durch einen zweiten Mann, den zweiten Adam, den Herrn, der vom Himmel gekommen ist, ist diese Sünde getragen worden; von Ihm wurde die Strafe für die Sünde erduldet, von Ihm wurde der ganze Grimm des Himmels ertragen. Und durch diesen zweiten Vertreter der Menschheit, Jesus, den zweiten Adam, ist Gott jetzt bereit und willig, auch dem Unwürdigsten unter den Unwürdigen Vergebung zu schenken und selbst den Gottlosen zu rechtfertigen, und zwar kann Er dies tun ohne die geringste Verletzung seiner Gerechtigkeit. Denn, beachte es wohl, als Jesus Christus am Kreuz litt, da litt Er nicht für seine Sünde. Denn Er hatte ja keine Sünde, weder Erbsünde noch Tatsünde. Er hatte durchaus nichts verbrochen, was Ihn unter den Fluch des Himmels oder über seine heilige Seele und seinen reinen, vollkommenen Körper Schmerz und Qual hätte bringen können. Was Er litt, das litt Er als Stellvertreter. Er starb - "der Gerechte für die Ungerechten, auf dass Er uns zu Gott brächte". Wären seine Leiden die Strafe seiner eigenen Schuld gewesen, so wären sie ohne Wirkung und Geltung für die sündige Menschheit geblieben. Aber weil Er durch seinen Tod nicht seine eigenen Sünden büßte, weil Er bestraft wurde für eine Schuld, die Er nicht selbst auf sich geladen hatte noch überhaupt auf sich laden konnte, sondern für eine Schuld, welche andere aufgehäuft hatten, darum lag in seinem Leiden ein Verdienst und eine Kraft, durch welche einerseits dem Gesetz Genugtuung verschafft, andererseits Gott die Möglichkeit gegeben wurde, die Sünden der Menschheit zu vergeben.

Wir wollen jetzt in Kürze sehen, in welch vollkommener Weise demGesetz Genugtuung geschehen ist.

Zuerst lasst uns die hochwürdige Stellung ins Auge fassen, welche das Schlachtopfer einnimmt, das sich selbst der göttlichen Gerechtigkeit zur Sühne darbrachte. Die Menschen hatten gesündigt, das Gesetz forderte die Bestrafung der Menschheit. Aber Jesus, der ewige Sohn Gottes, wahrer Gott vom wahren Gotte, den frohlockende Engel in heiligen Lobgesängen von Ewigkeit her besingen, der der Liebling war im Reich seines Vaters, der erhöht worden ist über Mächte und Gewalten und der einen Namen hat, der über alle Namen ist, Er stieg herab und wurde ein Mensch, wurde geboren von der Jungfrau Maria, in eine Krippe gelegt, lebte ein Leben voller Leiden und musste in dem qualvollsten Todeskampf die Bitterkeit des Sterbens schmecken. O denkt nur an die wunderbare Person Jesu Christi, der da war "wahrer Gott vom wahren Gott", König der Engel, Schöpfer, Erhalter und Herr des ganzen Weltalls, und, fürwahr, ihr müsst einsehen, dass durch seine Leiden dem Gesetz eine größere Sühne geboten wurde als sie ihm in den Leiden aller Menschen, die je lebten, verschafft worden wäre. Hätte Gott das ganze Menschengeschlecht vernichtet, wären all die Welten, die im Äther kreisen, als ein einziges mächtiges Brandopfer dem Gesetz zur Sühne dargebracht worden, es wäre das alles nicht von der rechtfertigenden Kraft gewesen, die in Jesu Tod liegt. Denn der Tod aller Menschen und Engel würde ja nur der Tod und das Leiden sterblicher Kreaturen gewesen sein, aber da Christus starb, unterzog sich ja der Schöpfer selbst der Marter, es war der göttliche Erhalter der Welt, der am Kreuz hing. Es liegt in der Gottheit solche Majestät, dass all ihr Tun von unermesslichem Wert ist; und als Christus ausgelitten hatte, als Er sein ehrwürdiges Haupt zum Todesschlummer neigte, als Er sein Sternendiadem niederlegte, um eine Dornenkrone auf seine Stirn drücken zu lassen, als seine Hände, die einst das Zepter des Weltalls geführt hatten, an den Kreuzesstamm genagelt, als seine Füße, die vormals die Wolken bewegten, an das Holz befestigt wurden, da wurde dem Gesetz eine solch ehrenvolle Genugtuung geleistet, wie sie ihm nicht mehr zu teil geworden wäre, wenn auch das ganze Weltall im verzehrenden Weltbrande in Flammen aufgegangen und auf ewig vernichtet worden wäre.

An zweiter Stelle lasst uns das Verwandtschaftsverhältnis erwägen, in welchem Jesus Christus zu dem großen Richter des Weltalls stand, und wir werden wiederum sehen, dass dem Gesetz hierdurch volle Genüge geleistet worden ist. Wir wissen von Brutus, dass er der unbeugsamste aller Gesetzgeber war und dass vor ihm kein Ansehen der Person galt, wenn er auf dem Richterstuhl saß. Die edelsten römischen Senatoren werden vor Brutus gezogen, werden ihres Verbrechens überführt, und siehe, Brutus verdammt sie, und erbarmungslos werden sie von den Henkern fortgerissen, auf dass das über sie verhängte Urteil vollstreckt werde. Gewiss, ihr müsst diese Gerechtigkeit an Brutus bewundern. Aber gesetzt nun, des Brutus eigener Sohn würde vor den Richterstuhl gezogen, - und so geschah es in Wirklichkeit -, schau im Geiste hin auf den Vater, welcher auf dem Richterstuhl sitzt, und staune, wenn er auch jetzt erklärt, dass vor seinem Richterstuhl alle gleich seien, und wären es seine eigenen Kinder. Und kannst du die Furchtbarkeit des Gedankens fassen, wenn ich dir sage, dass nun der Sohn wirklich vom Vater verhört wurde und den Verdammungsspruch aus des Vaters eigenem Mund vernehmen musste! Vor des Vaters Augen wird er gefesselt, während dieser Vater als unerbittlicher Richter dem Henker befiehlt, den Sohn zu peitschen, und endlich ausruft: "Führe ihn ab und brauche das Beil!" Da siehst du es, wie der Römer sein Vaterland mehr liebt als seinen Sohn, und wiederum die Gerechtigkeit mehr als jene beiden.

"Ja, wahrlich", spricht die Welt, "Brutus ist gerecht." Nun, sage ich, hätte Gott jeden von uns, einen nach dem anderen oder das ganze Geschlecht auf einmal verdammt, so würde sicherlich seine Gerechtigkeit eine Genugtuung davon gehabt haben. Aber seht! Gottes eigener Sohn nimmt die Sünden der Welt auf sich und tritt so schuldbelastet hin vor seinen Vater. Er ist nicht schuldig für seine Person, sondern der Menschheit Sünden lasten auf seinen Schultern. Der Vater verdammt seinen Sohn, Er gibt Ihn preis der Geißel der Römer, gibt Ihn preis dem Hohn der Juden, gibt Ihn preis dem Spott der Krieger und dem Übermut der Priester. Er überliefert seinen Sohn dem Henker und befiehlt ihm, Ihn an den Kreuzesstamm zu nageln. Aber das war noch nicht genug. Da die Menschen zu schwach sind, all die Rache, die Gottes Gerechtigkeit forderte, an ihrem eigenen Stellvertreter zu nehmen, schlägt Gott selbst seinen Sohn. Oder wie, seid ihr betroffen über diesen Ausdruck? Er ist schriftgemäß. Lest nur das dreiundfünfzigste Kapitel des Jesaja und ihr werdet den Beweis dafür finden: "Der Herr wollte Ihn also zerschlagen; Er wurde von Gott geschlagen und gemartert." Als Er von jedermann

Misshandlungen erfahren, als der Verräter Ihn aufs tiefste verwundet, als Pilatus und Herodes, als Juden und Heiden alle nach Kräften ihr Ärgstes an Ihm getan hatten, da zeigte es sich, wie menschliche Kraft zu schwach war, um volle Rache an Ihm zu nehmen, und da nahm der Vater selbst sein Schwert und rief: "Wohlan, erhebe dich, o Schwert, gegen meinen Hirten, gegen den Mann, der mein Nächster ist!" Und Er schlug Ihn mit schwerem Streich, wie wenn Er sein Feind gewesen wäre, wie einen gemeinen Verbrecher, wie den verruchtesten Übeltäter - und Er schlug Ihn wieder und immer wieder, bis jener furchtbare Schrei von des sterbenden Erlösers Lippen sich losrang: "Eli, Eli, lama asabthani?" - "Mein Gott, mein Gott, warum hast Du mich verlassen?" Fürwahr, wenn Gott seinen Sohn schlägt, seinen einzigen, hochgeliebten Sohn, dann hat die Gerechtigkeit mehr als ihr gebührt, mehr, als sie selbst verlangen konnte, denn Christus hat sich freiwillig selbst zum Opfer gegeben.

Weiter lasst uns nun auf einen Augenblick erwägen, wie furchtbar die Todeskämpfe waren, die Christus erleiden musste, und zwar, bedenkt es wohl, erleiden anstatt aller armen bußfertigen Sünder, aller derer, welche ihre Sünden bekennen und an Ihn glauben. Nehmt ihr aber diese Todeskämpfe recht zu Herzen, so werdet ihr sehen, warum die Gerechtigkeit sich dem Sünder nicht in den Weg stellt. Kommt also die Gerechtigkeit heute zu dir und spricht: "Sünder, du hast gesündigt, siehe, hier bin ich, um dich zu strafen!" - so antworte: "Gerechtigkeit, du hast all meine Sünden bestraft. Alles, was ich erdulden sollte, hat mein Jesus für mich erduldet. Es ist wohl wahr, ich selbst für meine Person schulde dir eine größere Schuld als ich zu bezahlen vermag, aber auch das andere ist wahr, dass ich dir in Christus nichts schuldig bin; denn alles, was ich schuldig war, ist nun bezahlt, jeder Heller, der kleinste Kupferpfennig ist abgetragen, es bleibt kein Deut mehr, den ich dir schuldig wäre, du rächende Gerechtigkeit Gottes." Aber wenn die Gerechtigkeit dich immer noch verklagt, und dein Gewissen dir Vorwürfe macht, so geh und nimm die Gerechtigkeit mit dir nach Gethsemane und bleibe dort stehen mit ihr und schaue im Geist deinen Heiland, niedergebeugt vom tiefsten Seelenschmerz, sieh, wie sein ganzes Haupt, seine Haare, seine Kleider von Blut triefen. Die Sünde war die Presse, der Schraubstock, welcher sein Blut aus jeder Ader presste und Ihn in das Purpurgewand seines eigenen Blutes hüllte. Vermagst du diesen Mann dort anzuschauen? Kannst du es hören, sein Stöhnen, sein Schmerzensschrei, sein ernstliches Bitten, seine alles Mark durchbohrenden Klagen und seine Tränen? Schaue nur hin auf den geronnenen Schweiß, wie er mit seiner blutigen Farbe den erstarrten Boden rötet, mächtig genug, den Fluch zu lösen! O, fasse ihn recht, diesen furchtbaren Verzweiflungskampf, in welchem deines Heilands Geist in der Ölkelter Gottes zermalmt wurde, völlig zerbrochen, völlig zertreten unter den Füßen der Gerechtigkeit; ist das nicht genug? Befriedigt dich dies noch nicht? Selbst in der Hölle fände die Rache keine solch gerechte Würdigung wie im Garten Gethsemane. Und ist die Gerechtigkeit noch nicht befriedigt, so führe sie in den Saal des Pilatus. Sieh diesen Menschen, vor Gericht geführt, angeklagt, beschuldigt der Aufwiegelung und Gotteslästerung. Folge Ihm hin zu den Kriegsknechten, die Ihn anspeien, sieh, wo man Ihm ins Antlitz schlägt, wie man eine Dornenkrone auf sein Haupt setzt, wie man Ihn zum Hohn mit Purpur bekleidet und wie man Ihm zum Spott ein Rohr statt des Zepters reicht! O Gerechtigkeit, schau Ihn nur an, diesen Mann, und wenn du meinst, dass Er ist "Gott, hochgelobt in Ewigkeit", und dass Er trotzdem all dies erleidet, um deinen Forderungen gerecht zu werden, wirst du dich damit noch nicht genügen? Willst du deine Stirn immer noch runzeln? O, so komm mit mir nach Gabbata. Er wird gegeißelt. Steh still, o Gerechtigkeit, und lausche auf die Geißelhiebe, auf diese blutigen Streiche, und indem dieselben niederfallen auf seinen geduldigen Nacken, um tiefe Furchen darin zu graben, kannst du gewahren, wie ein Peitschenhieb nach dem anderen ein Stück seines zitternden Fleisches von seinem armen entblößten Rücken losreißt? Bist du dennoch nicht zufrieden, Gerechtigkeit? Was soll dich denn da überhaupt zufrieden stellen? "Nichts als sein Tod", spricht die Gerechtigkeit. So komm denn mit mir und sieh, wie der schwache, erschöpfte Mann durch die Straßen gejagt wird, sieh, wie man Ihn auf den Gipfel von Golgatha treibt, Ihn auf den Rücken wirft und ans Kreuz nagelt. O Gerechtigkeit, kannst du den Anblick seiner verrenkten Gliedmaßen ertragen, indem sein Kreuz aufgerichtet wird? Bleibe bei mir, Gerechtigkeit, sieh, wie Er weint, seufzt und schreit, betrachte seine Seelenkämpfe!

Vermagst du sie zu lesen, diese Schreckensgeschichte, die sich in dieses Fleisch und Blut einhüllt? O, komm und horch, Gerechtigkeit, auf dass du seinen Schrei: "Mich dürstet!" vernimmst, auf dass du siehst, wie ein brennendes Fieber Ihn verzehrt, bis Er trocken ist wie eine Scherbe und seine Zunge an seinem Gaumen klebt. Und zuletzt, o Gerechtigkeit, sieh, wie Er sein Haupt neigt und stirbt. "Ja, nun bin ich zufrieden gestellt", spricht die Gerechtigkeit, "ich weiß nicht, was ich noch verlangen könnte, ich bin völlig zufrieden; meinen äußersten Forderungen ist noch mehr als volle Genüge geschehen."

Und muss ich nicht auch zufrieden sein? Bin ich auch schuldig und unwürdig, so kann ich mich doch darauf berufen, dass dieses blutige Opfer reicht, um Gottes Forderungen an mich zu befriedigen. Ja, ich habe den frohen Glauben, ich kann sagen:

> *"Fest erfasset Dich mein Glaube,*
> *Teurer Heiland, reich an Huld,*
> *Büßend lieg' ich hier im Staube*
> *Und bekenne meine Schuld."*

"Jesus, ich glaube, dass Du all Deine Leiden für mich erduldet hast, und ich glaube, dass sie größer gewesen sind als nötig, um mir meine Sünden zu vergeben. Im Glauben werfe ich mich an Deinem Kreuz nieder und klammere mich daran." Das ist meine einzige Hoffnung, mein Schutz und mein Schild. Es kann nicht sein, Gott kann mich jetzt nicht zerschmettern. Die Gerechtigkeit selbst verhindert dies. Denn da der Gerechtigkeit einmal Genüge geleistet worden ist, so würde sie zur Ungerechtigkeit, wenn sie noch mehr forderte. Muss es jetzt nicht einem jeden, dessen Seele erweckt worden ist, klar in die Augen springen, dass die Gerechtigkeit der Vergebung des Sünders nicht länger im Wege steht? Gott kann gerecht sein und uns dennoch zugleich lossprechen von unseren Sünden. Er hat in Christus unsere Sünde gestraft, warum sollte Er zweimal strafen für ein Vergehen? Christus ist für des ganzen Volkes Sünde gestorben, und wenn du im Gnadenbund bist, so bist du einer vom Volk Christi. Verdammt kannst du nicht werden, leiden und dulden für deine Sünden kannst du auch nicht. Da Gott nicht ungerecht sein und zwei Abzahlungen für eine Schuld verlangen kann, so kann Er die Seele nicht vernichten, für welche Jesus gestorben ist. Aber, wendet da vielleicht jemand ein, da gibst du die Allgemeinheit der Erlösung preis. Allerdings gebe ich sie preis. Denn ich bin überzeugt, dass davon nichts im Wort Gottes steht. Eine Erlösung, welche nicht loskauft, ist weder meiner Predigt wert noch eures Zuhörens. Christus hat jede Seele losgekauft, welche errettet ist; nicht mehr und nicht weniger. Jeden Geist, der im Himmel gesehen werden wird, hat Christus erkauft. Hätte Er auch die in der Hölle befindlichen losgekauft, hätten sie nicht dahin kommen können. Er hat sein Volk erkauft mit seinem Blut, und dies Volk allein wird Er mit sich bringen. "Aber wer gehört zu seinem Volk?" Du gehörst zu ihm, wenn du deine Sünden bereust. Wenn du Christus anziehen willst, dass Er dein ein und alles sei, so bist du ein Teil von Ihm. Es müsste der Gnadenbund zu einer Lüge, es müsste Gott ungerecht und die Gerechtigkeit zur Ungerechtigkeit und die Liebe zur Grausamkeit und Christi Kreuz zur leeren Einbildung werden, ehe es möglich wäre, dass du verdammt würdest, wenn du an Jesus glaubst.

Auf diese Weise also hört die Gerechtigkeit auf, eine Feindin der Seelen zu sein.

Unser zweiter Text sagt, dass Gott nicht allein gerecht ist, sondern er fügt noch etwas Weiteres hinzu. Er lautet: "Wenn wir unsere Sünden bekennen, so ist Er treu und gerecht, dass Er unsere Sünden vergibt und reinigt uns von aller Untugend." Wenn ich diesen Text richtig verstehe, sagt er nichts anderes als dies: Dass es *eine Tat der Gerechtigkeit seitens Gottes* ist, dem Sünder, welcher ein Bekenntnis seiner Sünden vor Gott ablegt, zu vergeben.

Also merkt wohl! Es ist nicht gesagt, dass der Sünder Vergebung verdient, das ist unmöglich. Die Sünde kann nichts anderes verdienen, als Strafe, und die Reue ist kein Sühneopfer für die Sünde. Nicht als ob Gott durch irgend welche in seiner Natur begründete Notwendigkeit gezwungen wäre, jedermann, der Reue zeigt, zu vergeben; die Reue an und für sich selbst hat ja nicht die Wirksamkeit und Kraft, um sich die Vergebung von Seiten Gottes zu verdienen. Und nichtsdestoweniger ist es wahr, dass Gott, weil Er gerecht ist, jedem Sünder, welcher seine Sünde bekennt, vergeben will. Täte Er es nicht, wenn ein Sünder dazu geführt würde, treulich und feierlich ein Bekenntnis seiner Sünden vor Gott abzulegen und sich Christus anheim zu stellen, vergäbe Gott dann nicht, dann - lasst mich das kühne, aber vom Text gerechtfertigte Wort aussprechen -, dann wäre Gott nicht der Gott, wie Er im Wort Gottes beschrieben wird, Er wäre ein ungerechter Gott, das aber sei ferne, das darf nicht sein und kann nicht sein. Aber wie nun? Ist es wahr, dass es die Gerechtigkeit selbst wirklich fordert, dass jede Seele, welche Reue zeigt, Vergebung finde? So ist es. Dieselbe Gerechtigkeit, welche sich das eine Mal mit flammendem Schwert uns entgegenstellte, gleich dem Cherubim im Alten Testament, der den Weg zum Baum des Lebens bewahrte, geht das andere Mal Hand in Hand mit dem Sünder. "Sünder", spricht sie, "ich will mit dir gehen. Wenn du gehst, um die Verzeihung zu erwirken, so will ich mit dir gehen und sie dir erwirken. Einst sprach ich gegen dich, aber jetzt bin ich dermaßen zufriedengestellt durch das, was Christus getan hat, dass ich mit dir gehen und deine Sachen führen will. Ich will jetzt meine Rolle ändern. Mit keinem Wort will ich mich deiner Vergebung entgegenstellen, sondern ich will mit dir gehen und dieselbe fordern. Es ist nichts anderes als ein Akt Gerechtigkeit, dass dir Gott jetzt vergibt." Und so geht denn der Sünder hin mit der Gerechtigkeit, und was hat die Gerechtigkeit zu sagen? Sie sagt: "Gott muss dem reuigen Sünder vergeben, so wahr Er gerecht ist, und so wahr Er hält, was Er zugesagt hat."

Ein Gott, welcher sein Versprechen brechen wollte, wäre nicht gerecht. Wir glauben nicht einmal den Menschen, welche uns belügen. Ich habe einige Leute kennen gelernt, die von so weicher Gemütsart waren, dass sie niemals etwas abschlagen konnten, vielmehr antworteten sie immer, so oft sie um etwas gebeten wurden, mit Ja. Aber wenn sie das, was sie zusagten, später nicht erfüllten, so ernteten sie dafür den Ruf der Charakterlosigkeit. Nicht so Gott. Er ist weder so weichherzig, dass Er mehr zusagen sollte, als Er halten könnte, noch so vergesslich, dass auch nur ein einziges Versprechen aus seiner Erinnerung entschlüpfen sollte. Jedes Wort, das Gott ausspricht, wird erfüllt werden, sei es ein Beschluss, eine Drohung oder eine Verheißung. Sünder, geh hin zu Gott mit dem Bekenntnis auf deinen Lippen: "Herr, Du hast gesagt: «Der, welcher seine Sünde bekennt und ihr entsagt, soll Gnade finden», ich bekenne meine Sünde und entsage ihr, Herr, gib mir Gnade!" O, zweifle nicht, dass Gott sie dir geben wird. Er hat sich selbst verbürgt und du hältst seine eigene Niederschrift in deinen Händen. So nimm denn dieses Unterpfand, nimm diese Verschreibung und tritt hin vor den Thron der Gnade, und diese Schuldverschreibung (Obligation) soll nicht eher gestrichen werden, bis sie bezahlt (akzeptiert) ist. Du wirst sehen, das Versprechen wird bis auf den kleinsten Buchstaben erfüllt werden, mögen deine Sünden auch noch so schwarz sein. Gesetzt, das Versprechen, das du empfangen hast, wäre dieses: "Wer zu mir kommt, den will ich nicht hinausstoßen." "Aber", spricht das Gesetz, "du bist einer von den größten Sündern, die je gelebt haben." "Ja, aber die Verheißung sagt: «Wer kommt», und ich komme ja und berufe mich auf die Verheißung." "Aber du bist ein Gotteslästerer gewesen." "Ich weiß es, aber die Verheißung lautet: «Wer kommt», und ich komme ja, und mag ich auch ein Gotteslästerer sein, ich berufe mich auf die Verheißung." "Aber du bist ein Dieb gewesen und hast deinen Nachbar betrogen und deine Nebenmenschen beraubt." "Ja, das habe ich getan, aber die Verheißung sagt: «Wer zu mir kommt, den will ich nicht hinausstoßen», ich berufe mich auf die Verheißung. Es verlautet durchaus nichts über die sittliche Beschaffenheit in der Verheißung, sie spricht einfach: «Wer kommt», und ich komme, und wäre ich schwarz wie der Teufel, dennoch ist Gott getreu, und ich berufe mich auf die Verheißung. Ich bekenne alles, was gegen mich gesagt werden kann. Kann Gott untreu sein und eine suchende Seele von sich fortschicken, ohne seine Verheißung erfüllt zu haben? Nimmermehr!"

"Aber", spricht einer, "du hast viele Jahre so gelebt; dein Gewissen hat dir oft Vorwürfe gemacht, und du hast dich ebenso oft gegen das Gewissen verhärtet, nun ist es zu spät." "Aber ich habe die Verheißung: «Wer kommt», es ist dabei keine Zeit festgesetzt, «wer kommt»; ich komme, und Du, o Gott, kannst Dein Versprechen nicht brechen!" Rufe nur Gott an im Glauben, und du wirst sehen, dass Er ebenso gütig gegen dich sein wird wie sein Wort. Machst du auch schlechter sein, als sich mit Worten aussprechen ließe, so muss doch Gott, solange Er gerecht ist, ich wiederhole es noch einmal, sein eigenes Versprechen erfüllen. Geh und bekenne deine Sünden, vertraue auf Jesus Christus, und du wirst Verzeihung finden.

Aber, wiederum hat Gott nicht allein das Versprechen gegeben, sondern nach unserm Text ist auch der Mensch veranlasst worden, demselben gemäß zu handeln, und damit wird der Gerechtigkeit Gottes eine doppelte Verpflichtung auferlegt. Gesetzt, du gäbest jemandem ein Versprechen, dass du unter der Bedingung, dass jener dir irgendetwas leistet, ihm etwas anderes dafür gewähren wollest. Nun stelle dir vor, jener Mann müsste etwas tun, was seiner eigenen Natur ganz zuwider wäre, was ihm selbst ganz widerstrebte, aber er täte es dennoch, weil er erwartete, großen Segen dadurch zu ernten, meinst du, du wollest nun sagen, du habest den Mann nur anlocken wollen, so zu handeln, und ihm dabei große Kosten verursacht und ihm Sorge und Mühe gemacht, und willst dich nun von ihm wenden und sprechen: "Ich will nichts von dem Versprechen mehr wissen, ich habe es nur versprochen, um zu bewirken, dass du so und so handelst, jetzt ist es nun gut, und meiner Verbindlichkeit will ich nicht nachkommen?" Wie, würde sich der Mann nicht herumdrehen und dir ins Antlitz sagen, dass du niederträchtig seiest, da du ihm ein Versprechen gegeben und ihn verleitet habest, etwas zu tun, ohne dann dein Versprechen zu halten? Nun, Gott hat gesagt: "Wenn wir unsere Sünden bekennen und auf Christus vertrauen, sollen wir Gnade finden." Ihr habt es getan, ihr habt das demütigste und aufrichtigste Sündenbekenntnis abgelegt und erklärt, dass ihr nur auf Christi Blut und Gerechtigkeit euer Vertrauen setzen wollt. Nun, im Glauben an jene Verheißung seid ihr erst in die Lage versetzt worden, diese Erklärung zu machen. Meint ihr nun, dass Gott, nachdem Er euch durch so viele Seelenqualen und Geisteskämpfe hindurch zur Reue über eure Sünde zur Aufgabe aller Selbstgerechtigkeit und Hingabe an Christus gebracht hat, später sich abwenden und euch sagen könnte, Er habe es nicht so gemeint, wie Er gesprochen hat? Das kann nicht sein, das kann nicht sein! Gesetzt, du wärst im

Begriff, einen Mann in Dienst zu nehmen und sprächest zu ihm: "Entsage deiner bisherigen Stellung, gib sie auf, komm und nimm ein Haus in der Nähe, wo ich wohne, ich will dich dann zu meinem Diener annehmen." Gesetzt nun, er täte es, und du sprächest dann: "Es freut mich um deiner selbst willen, dass du deinen Herrn verlassen hast, dennoch will ich dich nicht in Dienst nehmen." Was würde dir der Mann sagen? Er würde sagen: "Ich habe meine Stellung aufgegeben in Treu und Glauben auf dein Versprechen, und nun brichst du es!" O, nimmermehr kann es vom allmächtigen Gott heißen, dass Er dem Sünder, welcher im Glauben auf seine Verheißung gehandelt hat, sein Versprechen nicht hielte. Gott hört auf, Gott zu sein, wenn Er aufhört, Erbarmen mit der Seele zu haben, welche Verzeihen sucht durch das Blut Christi. Nein, Er ist ein gerechter Gott. "Er ist getreu und gerecht, dass Er uns unsere Sünden vergibt und reinigt uns von aller Untugend."

Werfen wir noch einen Blick auf dies Verhältnis. Gottes Gerechtigkeit verlangt es, dass der Sünder Vergebung findet, wenn er die Gnade sucht, und zwar aus dem Grund, weil Christus gestorben ist, um jeder suchenden Seele Vergebung zu verschaffen. Ich halte es für einen Grundsatz, der keines Beweises bedarf, sondern an sich klar ist, dass Christus alles, wofür Er gestorben ist, zu eigen haben will. Ich kann nicht glauben, dass das, was Er mit dem Kaufpreis seines Blutes, seiner Seufzer und seiner Tränen vom Vater erkaufte, Ihm dieser nicht mitgeben will. Nun, Christus ist gestorben, um Vergebung der Sünden für alle die zu erwerben, die an Ihn glauben; meint ihr nun, der Vater werde Ihn dessen berauben, was Er so teuer erkauft hat? Nein, Gott wäre untreu gegen seinen eigenen Sohn, Er würde seinem geliebtesten und eingeborenen Sohn seinen Eid brechen, wollte Er nicht jeder Seele, welche durch Jesus Christus, unseren Herrn, zu Gott kommt, Vergebung, Friede und Heiligkeit verleihen. O, ich wollte, ich könnte es mit einer Donnerstimme allenthalben predigen: Gott ist gerecht, und dennoch rechtfertigt Er den, der an Ihn glaubt. Gott ist gerecht, dass Er uns unsere Sünden vergibt, wenn wir sie bekennen, Er ist gerecht, dass Er uns reinigt von aller Untugend.

Nun zum Schluss. Ich muss jetzt *eine kurze Erklärung* geben von den zwei großen Pflichten, die in den zwei Texten gelehrt sind. Die erste Pflicht ist Glaube - "wer da glaubt an Christus"; die Pflicht des zweiten Textes ist Sündenbekenntnis - "wenn wir unsere Sünden bekennen."

Ich will mit dem Sündenbekenntnis beginnen. Erwarte nicht, dass dir Gott deine Sünden vergeben wird, wenn du sie Ihm zuvor nicht bekennst, nicht nach der allgemeinen Bekenntnisformel eines Gebet- oder Kommunionbuches, sondern nach dem besonderen Bekenntnis deines eigenen innersten Herzens. Du brauchst nicht vor einem Priester oder irgendeinem Menschen deine Sünden zu bekennen, es sei denn, du hast ihn beleidigt. In dieser Beziehung, wenn du jemanden beleidigt hast, versöhne dich mit ihm und bitte ihm alles ab, was du gegen ihn verbrochen haben kannst. Es ist ein Zeugnis eines edlen Sinnes, wenn du den anderen bitten kannst, dir zu verzeihen, was du an ihm gefehlt hast. Allemal, wenn die Gnade in dein Herz einzieht, wird sie dich bewegen, jedes Unrecht, welches du mit Wort oder Tat einem deiner Mitmenschen angetan hast, wieder gutzumachen, und du kannst nicht von Gott erwarten, dass dir vergeben wird, wenn du nicht zuvor deinen Mitmenschen verziehen hast und bereit bist, dich mit denen auszusöhnen, die jetzt deine Feinde sind. Es ist das ein schöner Zug im Charakter eines wahren Christen. Von John Wesley[18] habe ich gehört, dass er auf den meisten seiner Reisen von einem Menschen begleitet wurde, der ihn sehr lieb hatte und, wie ich glaube, aus Liebe zu ihm bereit gewesen sein würde, für ihn zu sterben. Doch es war ein Mann von einer sehr hartnäckigen, halsstarrigen Gemütsart, und Wesley war vielleicht auch nicht immer der freundlichste Herr. Bei einer Gelegenheit sagte er zu diesem Mann: "Josef, schaffe diese Briefe auf die Post." "Ich will sie nach

---

[18] John Wesley (1703-1791) ist wohl der bekannteste Erweckungsprediger des 18. Jahrhunderts. Unter seiner direkten Führung breitete sich die Erweckung, die 1739 unter Whitefield ausbrach, über die ganzen Britischen Inseln aus. Auf seinen Reisen durch England, Wales, Schottland und Irland legte er in 50 Jahren ungefähr 400.000 Kilometer zurück und hielt nicht weniger als 40.000 Predigten.

der Predigt hinschaffen." "Schaffe sie jetzt hin, Josef", sprach Wesley. "Ich möchte Sie gern predigen hören, Herr, und es wird noch hinreichende Zeit sein, sie nach dem Gottesdienst auf die Post zu tragen." "Ich bestehe darauf, dass du jetzt gehst, Josef." "Ich will jetzt nicht gehen." "Du willst wirklich nicht?" "Nein, Herr." "So sind wir geschiedene Leute", sprach Wesley. "Gut, Herr."

Nach dieser Unterredung verstrich eine Nacht. Beide Männer pflegten frühzeitig aufzustehen. Den nächsten Morgen um vier Uhr wurde der widerspenstige Bediente angeredet: "Nun, Josef, hast du dir überlegt, was ich gesagt habe - dass wir uns trennen müssen?" "Ja, Herr." "Und müssen wir uns wirklich trennen?" "Ganz wie es Ihnen beliebt, Herr." "Willst du mich um Verzeihung bitten, Josef?" "Nein, Herr." "Du willst. Nicht?" "Nein, Herr." "Nun, so will ich dich um Verzeihung bitten, Josef!" Der arme Josef war den Augenblick zu Tränen gerührt, und sie waren wieder ausgesöhnt. Wenn einmal die Gnade Gottes in ein Herz eingezogen ist, da sollte der Mensch auch bereitwillig für jedes Unrecht, was er seinem Nebenmenschen angetan hat, von diesem Vergebung erbitten. Es ist ja nichts Unrechtes, wenn man einen Fehltritt gegen seinen Nächsten diesem eingesteht und ihn für das Unrecht, was man ihm getan, um Verzeihung bittet. Wenn du deine Gabe auf dem Altar opferst und erinnerst dich dort, dass dein Bruder etwas gegen dich habt, so lass dort vor dem Altar deine Gabe und gehe erst hin und versöhne dich mit deinem Bruder, und dann komm und versöhne dich mit Gott. Du musst vor Gott deine Sünden bekennen. Tu dies demütig und aufrichtig. Du kannst nicht jede Übertretung aufzählen, aber du sollst keine verheimlichen wollen. Wenn du eine einzige Sünde verhehlst, so wird ein Mühlstein um deinen Hals gehängt werden, der dich hinabzieht in den tiefsten Höllenpfuhl. Bekenne es, dass du nichtswürdig bist deiner Natur nach, dass du böse bist in deinem Handeln, dass gar nichts Gutes in dir wohnt. Lege dich so tief wie möglich in den Staub am Schemel der göttlichen Gnade und bekenne, dass du ein verlorener Sünder wärst, wenn nicht Gott mit dir Erbarmen hätte.

Die nächste Pflicht ist dann der Glaube. Wenn du nun so im Staub liegst, richte dein Auge auf Christus und sprich: "Bin ich auch noch so schwarz und muss ich auch bekennen, dass ich die Hölle verdient habe, so glaube ich doch, dass Jesus Christus auch für mich, den reuigen Sünder, gestorben ist; und weil Er nun gestorben ist, so starb Er eben darum, dass der Bußfertige nicht sterben sollte. Ich glaube, dass Deine Verdienste groß sind; ich glaube, dass in Deinem Blut eine mächtige Kraft liegt, und mehr noch als das, ich setze mein ewiges Heil aufs Spiel, und doch ist es kein Wagnis, ich setze mein ewiges Heil auf das teure Verdienst Deines Blutes. Herr Jesu, ich kann mich ja selbst nicht erlösen. So wirf denn den äußersten Saum Deines in Deinem Herzblut gefärbten Kleides der Gerechtigkeit über mich. O komm, nimm mich in Deine Arme; komm, hülle mich in Dein Purpurgewand und sage mir, dass ich der Deine bin. Ich will auf nichts anderes vertrauen als auf Dich allein. Auf nichts, was ich je tat oder noch tue, will ich mein Vertrauen setzen. Ich verlasse mich einfach und völlig auf Dein mächtiges Kreuz, an welchem Du einst für die Sünder starbst."

Meine lieben Zuhörer, sollte immer noch einer zweifeln, dass er nach solch einem Bekenntnis und solchem Glauben verloren gehen könne, so versichere ich, dass es weder möglich noch wahrscheinlich ist. Ihr seid errettet, errettet auf Zeit und auf Ewigkeit. Eure Sünden sind vergeben, eure Missetaten sind hinweggenommen. In diesem Leben werdet ihr versorgt, gesegnet und behütet werden. Die Sünde, in der ihr noch gefangen seid, wird besiegt und überwältigt werden, und ihr werdet am Ende der Tage sein Antlitz schauen in ewig dauernder Herrlichkeit, wenn Er kommen wird in der Herrlichkeit seines Vaters und alle seine heiligen Engel mit Ihm. "Wer an den Sohn Gottes glaubt, hat das Leben und kommt nicht in das Gericht." "Wer an den Herrn Jesus glaubt und getauft wird, der wird selig werden, wer aber nicht glaubt, der wird verdammt werden."

Schließlich nur noch eins. Ich habe versucht, euch einfältig und vollständig die Geschichte zu erzählen, wie Gottes Gerechtigkeit Genugtuung erhalten und des Sünders Freundin geworden ist, und ich hoffe, es wird auch Frucht bringen, denn wo immer das Evangelium einfältig gepredigt wird, da wird es nie vergebens gepredigt. Nun lasst uns nach Hause gehen und beten, dass wir unseren Heiland recht erkennen mögen. Lasst uns auch für andere beten, dass sie Ihn erkennen mögen. Wenn ihr von eurer Sünde überzeugt seid, meine Lieben, so verliert keinen Augenblick. Geht, so bald ihr nach Hause kommt, in euer Kämmerlein, schließt die Tür zu, geht allein zu Jesus, und da wiederholt euer Sündenbekenntnis und bezeugt euren Glauben an Christus von neuem. Dann werdet ihr den Frieden mit Gott erlangen, den diese Welt nicht geben kann, den sie aber auch nicht aus euren Herzen zu reißen vermag. Euer unruhiges Gewissen wird Ruhe finden, eure Füße werden auf einem Felsen stehen, und ein neues Loblied wird aus eurem Mund aufsteigen zu ewigem Preis. Amen

"O glaube nur, voll froher Freud',
Dass Gott mit schwerem, bitt'ren Leid
Für dich seinen Sohn geschlagen.
Und wird Er in seiner gerechten Huld
Verdammen dich ob der Sündenschuld,
Die Christus für dich getragen?

Vollständ'ge Sühn' hast Du verschafft,
Den letzten Heller dargebracht
Für das, was Dein Volk schuldet,
Nicht werd' ich jetzt vom Grimm verzehrt,
Gottes Gerechtigkeit mir Schutz gewährt
Und das Blut, das Christus vergossen.

Du hast mir, Heiland, Freiheit erworben,
Du bist an meiner Statt gestorben,
Hast getragen des Vaters Grimm.
Nicht ungerecht ist Gott erfunden,
Nicht fordert Er von Christi Wunden,

Und dann auch von mir die Sühn'.
So ziehe denn Fried' in mein Herz hinein,
Es hat ja der Hohepriester dein
Dir Freiheit und Friede gezeigt.
Nicht brauchst du zu fürchten den zürnenden Gott.
Es hat dein Jesus im blut'gen Tod
Sein Haupt auch für dich geneigt."

DAS BLUT ABELS UND DAS BLUT JESU[19]

"Er aber sprach: Was hast du getan? Die Stimme
deines Bruders Bluts schreit zu mir von der Erde."

1. Mose 4,10

"Und zu dem Mittler des Neuen Testaments, Jesus, und zu
dem Blut der Besprengung, das da besser redet als Abels."

Hebräer 12,24

as erste Vergießen menschlichen Blutes war ein sehr schrecklicher Versuch. Ob Kains mörderischer Schlag geplant war oder nicht, der Anblick eines blutenden menschlichen Leichnams muss etwas Neues und Schreckliches für ihn gewesen sein. Er war noch nicht verhärtet worden durch das Lesen umständlicher Schilderungen der Vorfälle im Krieg oder durch Hören von Mordgeschichten; Töten und Erschlagen waren neue Schrecken für die Menschheit, und er, welcher der Erste in solcher Gewalttat war, muss voll Erstaunen über das Ergebnis seines Schlags und zugleich voll Besorgnis über seine Folgen gewesen sein. Ich meine, ich sehe ihn bei der Leiche stehen, einen Augenblick starr vor Schrecken, entsetzt beim Anblick des Blutes. Wird der Himmel feurige Pfeile auf ihn herabschießen? Wird die mit Blut getränkte Erde schnelle Rächer aus ihrem erstaunten Boden senden? Was für Fragen müssen durch des Mörders Seele gezuckt sein! Aber sieh, das warme Lebensblut fließt in einem roten Strom auf die Erde und ein grässlicher Trost kommt in die Seele des schuldigen Elenden, als er die Erde das Blut einsaugen sieht. Es bleibt nicht in einer Lache stehen, sondern die Erde tut ihren Mund auf, seines Bruders Blut aufzunehmen

---

[19] Gehalten am Sonntagmorgen, den 2. September 1866.

123

und zu verbergen. Traurige Gedenkzeichen beflecken das Gras und färben den Boden rot, aber doch vertrocknet die entsetzliche Flut, und der Mörder empfindet eine augenblickliche Freude. Vielleicht ging Kain seines Weges und wähnte, dass die schreckliche Sache ganz vorbei sei. Er hatte die Tat getan, und sie konnte nicht ungetan gemacht werden; er hatte den Schlag versetzt, sich von der Gegenwart eines befreit, der ihm verhasst war; das Blut war von der Erde verschlungen, und damit war die Sache zu Ende, die ihm keinen ferneren Gedanken zu verursachen brauchte. Es war in jenen Tagen keine Maschinerie von Polizei und Gesetz, von Richtern und Galgen, und darum hatte Kain wenig oder nichts zu fürchten; ein starker, kräftiger Mann, aber niemand, der ihn zu strafen vermochte, und keiner, der ihn anklagen oder tadeln konnte, ausgenommen sein Vater und seine Mutter, und diese waren möglicherweise zu niedergebeugt vor Kummer und zu sehr ihrer eigenen Sünde eingedenk, um viel Groll gegen ihren Erstgeborenen zu zeigen. Er mag sich deshalb vorgestellt haben, dass die Tat sprachlos und stumm sei, und dass die Vergessenheit sein Verbrechen bedecken würde, so dass er seines Weges gehen könne, als wäre die Tat nie getan. Es war indes nicht so, denn obgleich das Blut stumm war in dem verhärteten Gewissen Kains, so hatte es doch anderswo eine Stimme. Eine geheimnisvolle Stimme ging hinauf in den Himmel; sie erreichte das Ohr des Unsichtbaren und bewegte das Herz der ewigen Gerechtigkeit, so dass Gott den Vorhang durchbrach, der den Unendlichen vor dem Menschen verbirgt, sich offenbarte und zu Kain sprach: "Was hast du getan? Die Stimme deines Bruders Bluts schreit zu mir von der Erde." Da wusste Kain, dass Blut nicht so mir nichts dir nichts vergossen werden konnte; dass Mord gerächt werden würde, denn es war eine Zunge in jedem Tropfen des Lebensstroms, der aus dem Gemordeten floss, und der hatte Macht bei Gott, so dass Er dazwischentrat und eine feierliche Untersuchung anstellte.

Brüder, es war ein noch furchtbarerer Versuch, der auf Golgatha angestellt wurde, indem nicht der erste Mensch getötet wurde, sondern der Sohn Gottes selber; Er, der Mensch war, aber doch mehr als ein Mensch, Gott geoffenbart im Fleisch. Es war eine schauerliche Tat, als sie, nachdem sie Ihn vor den Richterstuhl geschleppt, fälschlich verurteilt und geschrien haben: "Hinweg mit Ihm! Hinweg mit Ihm!", wirklich wagten, die Nägel zu nehmen und den Sohn Gottes an das verfluchte Holz zu befestigen, seinen Leib zu erheben zwischen Himmel und Erde, und seine Leiden zu beobachten, bis sie mit seinem Tod endeten, und dann seine Seite zu durchbohren, bis Blut und Wasser herausfloss. Ohne Zweifel dachte Pilatus, der seine Hände in Wasser gewaschen hatte, dass kein Unheil daraus entstehen würde. Die Schriftgelehrten und Pharisäer gingen ihres Wegs und sprachen: "Wir haben die anklagende Stimme zum Schweigen gebracht. Es wird in den Straßen nicht mehr der Ruf dessen gehört werden, der sprach: «Weh euch, Schriftgelehrte und Pharisäer, ihr Heuchler.» Wir werden nicht länger in unserer Heuchelei und unserem Hängen an Formen gestört werden durch die Gegenwart eines reinen und heiligen Wesens, dessen einfache Aufrichtigkeit ein strenger Verweis für uns war. Wir haben Ihn ermordet, wir haben Ihn ohne gerechte Ursache zum Tod gebracht, aber nun hat die Sache ein Ende. Dies Blut wird keine Stimme haben." Wenig wussten sie, dass der Schrei Jerusalems schon hinauf zum Himmel gegangen war. "Sein Blut komme über uns und unsere Kinder!" war auf den Tafeln der Gerechtigkeit verzeichnet, und binnen kurzer Zeit wurde Jerusalem die Schatzkammer des Wehes und eine Höhle des Elends, so dass etwas Ähnliches wie ihre Zerstörung niemals auf Erden gewesen ist und niemals sein wird. Weit erfreulicher ist es, dass ein anderer, melodischerer Ruf vom Kreuz Golgathas zum Himmel hinaufstieg. "Vater, vergib ihnen", ernte von den Wunden Immanuels.

Das Blut Abels war nicht ohne Stimme, das Blut Jesu war nicht stumm; es rief so, dass es unter den Thronen des Himmels gehört wurde, und gelobt sei Gott, es sprach für uns und nicht gegen uns; es konnte nicht schlimmer, wie es wohl hätte tun können, sondern besser als Abels. Es forderte nicht grimmigere Rache als die, welche über Kain kam; es verlangte nicht, dass wir unstet und flüchtig auf Erden umhergetrieben werden sollten und zuletzt, auf ewig von Gott verbannt, in die Hölle kämen, sondern es rief: "Vater, vergib ihnen", und es siegte, und der Fluch wurde hinweggenommen, und ein Segen kam zu den Menschenkindern.

Heute haben wir vor, mit unserer Rede bei der Stimme des Blutes Abels und der Stimme des Blutes Jesu zu verweilen, wie im Vergleich zueinander stehend. Sie beide redeten. Das ist augenscheinlich. Abel redet noch, wiewohl er gestorben ist, sagt der Apostel, und wir wissen zu unserem bleibenden Trost, dass das Blut Jesu vor dem ewigen Thron redet. Alles Blut hat eine Stimme, denn Gott wacht eifrig über seiner Erhaltung, das Blut vortrefflicher und gerechter Menschen hat eine noch himmlischere Sprache, aber die Stimme des Blutes Jesu übertrifft sie alle weit und trägt unter zehntausend Stimmen die Palme davon.

Zuerst, ***Jesu Blut redet besser im Allgemeinen.*** Was sagte das Blut Abels? War es nicht das Blut des Zeugnisses?

Als Abel auf den Boden fiel unter seines Bruders Keule, legte er Zeugnis ab für eine geistliche Religion. Kain war der Liebhaber einer bloß äußerlichen Gottesverehrung, in welcher der Glaube keinen Raum hatte. Er liebte eine Gottesverehrung mit Schaustellung und Pomp, er verzierte den Altar mit Früchten und schmückte ihn mit Blumen; seine Religion war eine des Geschmacks und der Eleganz, eine Religion seiner eigenen Erfindung; aber es fehlte ihr eine demütige, gläubige, geistliche Beziehung auf den verheißenen Befreier. Abel stand da als Bekenner einer schmucklosen Religion des Glaubens an das verheißene Opfer. Auf dem Altar war ein Lamm, blutend aus einer Todeswunde und zurechtgelegt, um verbrannt zu werden; ein Anblick, an dem der gute Geschmack keine Freude haben konnte, eine Sache, von der Liebhaber des Schönen sich mit Entsetzen wegwenden würden. Abel hatte ein solches Opfer gewählt, weil Gott es gewählt hatte, und weil es das angemessene Mittel war, um den Glauben zu seinem wahren Gegenstand, dem Herrn Jesus, zu leiten. Er sah durch den Glauben in dem blutenden Lamm das Zeichen für des Herrn große Versöhnung der Sünde, das nicht in Kains Gabe von Früchten der Erde gesehen werden konnte, wie geschmackvoll die Gabe auch sein mochte. Abel steht vor uns als der Erste in einer Wolke von Zeugen, die alle mutiges Zeugnis ablegten und bereit waren, es mit ihrem Leben zu versiegeln. Er starb als Märtyrer für die Wahrheit, die große, ehrliche Wahrheit, dass Gott die Menschen annimmt nach ihrem Glauben. Alle Ehre dem Blut des Märtyrers, das so kräftig für köstliche Wahrheit spricht. Unser Herr Jesus, auch ein Bezeugender und Zeuge für den Glauben Gottes, sprach besser als Abel, weil Er mehr zu sprechen hatte und weil Er aus einer genaueren Bekanntschaft mit Gott reden konnte. Er war ein vollkommenerer Zeuge von der göttlichen Wahrheit, als Abel dies sein konnte, denn Er brachte Leben und Unsterblichkeit ans Licht und sprach mit den Seinen ganz klar über den Vater. Unser Herr Jesus Christus war in des Vaters Schoß gewesen und kannte das göttliche Geheimnis. Dieses Geheimnis offenbarte Er den Menschenkindern in seiner Predigt und versiegelte es dann mit seinem Blut. Es ist nicht zu vergessen, dass, obgleich der Tod Christi hauptsächlich eine Sühne für die Sünde war, er doch zugleich auch ein Zeugnis für die Wahrheit war, denn es heißt von Ihm, dass Er "den Leuten zum Zeugen gestellt ist, zum Fürsten und Gebieter den Völkern", und da Er ein sterbender, blutender Märtyrer war, bezeugte sein Blut, das wird euch klar sein, eine vollere, hellere und glorreichere Wahrheit als das Blut Abels.

Überdies, das Blut Abels redete gut, weil es der Beweis der Treue war. Dieser teure Diener des großen Meisters war treu bei dem Widerstand seines Bruders; ja, treu bis zum Tod. Es konnte nicht von ihm gesagt werden, wie der Apostel von einigen anderen sagte: "Ihr habt noch nicht bis aufs Blut widerstanden über dem Kämpfen gegen die Sünde." Er widerstand der Sünde bis aufs Blut; er war treu in seinem ganzen Haus als ein Diener; er ließ sich nicht von seiner Lauterkeit abwenden, sondern hielt auch selbst sein Leben nicht teuer. Sein Blut sprach, als es zur Erde fiel: "Großer Gott, Abel ist Dir treu." Aber das Blut Jesu Christi bezeugt eine noch größere Treue, denn es folgte auf ein fleckenloses, vollkommenes Leben, das von keiner sündhaften Tat je verunreinigt war; wohingegen Abels Tod zwar ein Leben des Glaubens beendete, aber kein Leben der Vollkommenheit. Die Treue Jesu war vollständig vom Tag seiner Geburt an bis zu der Stunde seines Todes; und da sonst keine Notwendigkeit für Ihn da war, zu sterben, so war die freiwillige Hingabe seines Lebens um so mehr eine Tat des Gehorsams und ein um so besserer Beweis seiner Treue gegen das Ihm Anbefohlene.

Überdies müssen wir nie vergessen, dass alles, was Abels Blut sagen konnte, als es auf die Erde fiel, nur der Schatten von dem weit herrlicheren Wesen war, das Jesu Tod uns zusichert. Jesus bildete nicht die Sühne vor, sondern brachte sie dar; Er war nicht das Bild eines Opfers, sondern war das große Opfer selbst, und da das Wesen immer den Schatten übertreffen muss, so redet das Blut Jesu Christi besser als das Blut Abels.

Es ist gut hinzuzufügen, dass unseres Herrn Person unendlich würdiger und glorreicher war als die des Abels, und folglich muss sein Tod mit einem viel beredeteren Mund sprechen als der Tod eines bloßen Menschen, wie Abel es war. Er, der von Kains Hand stirbt, ist nur einer unseres Geschlechts, der von Wahrheit und Gerechtigkeit zeugt, der durch Glauben von einem künftigen Opfer zeugt; aber Er, der von der Hand des Herodes und Pilatus starb, war göttlich und kam mit keiner gewöhnlichen Botschaft zu uns. Als der glorreiche Sohn Gottes das Haupt neigte und den Geist aufgab, muss die Stimme, die von seinem Blut kam, notwendig lauter, lieblicher, voller und göttlicher gewesen sein als die Stimme des Märtyrerblutes Abels. Wir verstehen daher, ehe wir zu Einzelheiten kommen, dass wir nach allgemeinen Grundsätzen sehr klar darüber sein können, dass das Blut Jesu besser reden wird als das Blut Abels.

Nun wollen wir in den innersten Kern unseres Textes eindringen, während wir daran denken, dass das Blut Jesu besser zu Gott redet als das Blut Abels. Das Blut Abels schrie in die Ohren des Herrn, denn Er sprach zu Kain: "Die Stimme deines Bruders Bluts schreit zu mir von der Erde." Dieser Schrei ging nicht umher, einen Mittler zu suchen, sondern ging geradewegs zum Richterstuhl Gottes und brachte eine Anklage wider den Mörder vor.

Nun, *was sagte Abels Blut zu Gott?* Wenn ihr an der Stelle ständet, wo Abel fiel, und den Boden umher ganz rot gefärbt sähet von dem geronnenen Blut, was würde euch das Blut zu sagen scheinen? Was würdet ihr euch vorstellen, dass das Blut zu Gott sagte? Es sagte dies: "O Gott, eins Deiner Geschöpfe, das Erzeugnis Deiner unvergleichlichen Kunst, ist in Stücke zertrümmert und barbarisch zerstört. Ein lebendiger, fühlender Leib, von einer Kunst und Geschicklichkeit gebildet, wie nur Du sie zeigen kannst, ist mutwillig zerbrochen. Der Töpfer erlaubt es nicht, dass das Gefäß, das auf dem Rad mit viel Kosten und Arbeit geformt ist, mutwillig zerbrochen wird, aber hier ist ein Leib, viel kostbarer, viel wunderbarer als irgend etwas, das menschliche Kunst erschaffen kann, und dieser ist zerbrochen. Großer Gott, Schöpfer aller Dinge, willst Du dies mit Geduld anblicken, willst Du es ertragen, das Werk Deiner eigenen Hände so grausam zerstört zu sehen?" War nicht viel in diesem Schrei? Dann redete das Blut weiter: "O Gott, Dein Geschöpf ist ohne Ursache zerstört worden. Kein gerechter Grund zum Zorn war gegeben, keine Beleidigung war begangen, die einen so furchtbaren Schlag verdienen konnte; sondern eins Deiner schwachen Geschöpfe, das einen Anspruch auf Deinen freundlichen Schutz hat, ist mutwillig und unnötigerweise erschlagen - sein Blut ruft Dich an! Du Richter der ganzen Erde, willst Du die Schwachen von den Starken niedertreten lassen und willst Du es dulden, dass die Unschuldigen von der zornigen Hand der Gottlosen erschlagen werden?"

Ihr seht, der Schrei gewinnt an Kraft. Zuerst ist es: "O Gott, Dein Geschöpf ist zerstört"; danach ist es: "O Gott, Dein Untertan ist misshandelt von einem seiner Mituntertanen, von einem, der Dein Feind geworden ist - willst Du nicht dazwischen treten?" Doch das Blut Abels sagte mehr als dies, es sprach: "Wenn die Liebe zu Dir nicht gewesen wäre, so wäre dies Blut nicht vergossen! Wenn diese Tropfen nicht durch Andacht geweiht gewesen wären, wenn dies Blut nicht in den Adern eines Menschen geflossen wäre, der Gott von ganzem Herzen liebte, so wäre es nicht auf den Boden ausgeschüttet. "O Gott", schreit jeder Tropfen, "ich fiel auf den Boden für Dich, willst Du dies ertragen? Soll ein Geschöpf, das Du gemacht hast, sein Leben mit Schmerz und Qual für Dich dahingeben, und willst Du gleich einer kalten, regungslosen, ungerührten, unbeweglichen Statue sein und gefühllos zuschauen? Willst Du Dich nicht aufmachen, o Gott? Soll Blut um Deinetwillen vergossen werden, ungerechterweise noch dazu, das Blut Deines eigenen, liebenden, gerechten Geschöpfes, und willst Du nicht dazwischentreten?" Was für Kraft ist in einer solchen Stimme!

Doch das Blut fügte noch hinzu: "O Gott, ich bin im Trotz gegen Dich vergossen", denn der Streich, der von Kains Hand kam, zielte nicht nur auf Abel, dem Geiste nach zielte er auf Gott, denn wenn Kain an Gott dasselbe hätte tun können, was er an seinem Bruder Abel tat, so würde er es unzweifelhaft getan haben. Er war von dem Argen, und deshalb erschlug er seinen Bruder, und das Arge, was in ihm war, war gottesmörderisch; er würde Gott selbst erschlagen haben, wenn es in seiner Macht gewesen wäre, und deshalb schreit das Blut: "O Gott, hier ist der Fehdehandschuh des Trotzes Dir selber hingeworfen. Kain trotzt Dir. Er hat den ersten Streich nach Dir geführt, er hat den Vorposten des Heeres Deiner Erwählten niedergeschlagen. Willst Du in Ruhe zusehen? Willst Du nicht Rache nehmen? Willst Du nicht darauf achten? Soll Schweigen im Himmel sein, wenn Seufzen und Schreien auf der Erde ist? Soll des Himmels Herz kalt sein, wenn das Herz des Feindes heiß vor Wut und grimmig vor Empörung ist? O Gott, willst Du nicht dazwischen treten?" Gewiss, dies ist ein Schrei, der den Himmel zerreißt, aber dies ist nicht alles.

Das Blut des ersten Märtyrers fügte zu all diesem noch einen Ruf hinzu, wie der folgende: "O Gott, dies ist das erste menschliche Blut, das mörderisch vergossen ist, und durch die Hand eines unnatürlichen Bruder vergossen. Willst Du hieran vorübergehen? Wie kannst Du dann gerecht sein?" Forderte nicht dies Blut so recht eigentlich die Gerechtigkeit Gottes heraus? "O Gott, wenn Du nicht diesen ersten barbarischen Totschläger strafst, der seinen Bruder tötet, dann werden die Menschen alle Jahrhunderte hindurch schwelgen in Blut und sich vergnügen am Mord, und sie werden sagen: «Wie weiß Gott es? Er, der im Himmel sitzt, achtet nicht darauf, Er will nicht einmal sprechen?»" Es wäre, als wenn Gott einen Freibrief ausgegeben hätte für die Menschen, dass einer des anderen Blut vergießen dürfe und dem Mord Erlaubnis verliehen hätte, über die ganze Schöpfung zu herrschen, wenn der erste Mord von dem großen Richter aller nicht beachtet worden wäre.

Hört ihr, meine Brüder, was für einen Schrei das Blut Abels gehabt haben muss, und mit welcher Macht es zum Himmel aufstieg.

Aber wir sind nicht Vermutungen über die Kraft jenes Schreies überlassen, denn es wird uns gesagt, dass Gott ihn hörte, und als Er ihn hörte, kam Er, um Rechenschaft von Kain zu fordern, und Er sprach: "Was hast du getan? Die Stimme deines Bruders Bluts schreit zu mir von der Erde." Dann kam der vernichtende Urteilsspruch. Der Boden, der das Blut eingesogen hat, wurde für Kain verflucht, so dass derselbe, wenn er ihn auch mit noch so viel Fleiß bearbeitete, doch keine reichliche Ernte geben konnte, wie er ihn auch pflügte, mit aller Geschicklichkeit und Kunst pflügte, ihm doch niemals sein Vermögen geben konnte. Der ursprüngliche Fluch der Dornen und Disteln, der darauf gefallen war, als Adam nach dem Fall noch am Leben blieb, wurde nun für Kain verdoppelt, so dass er nur Hände voll erntete und kärgliche Garben einsammelte.

Dies war ein Bitteres, das beständig mit seinem täglichen Brot gemischt war, und über das empfing er einen Fluch in seinem Herzen, der ihn zum Sklaven seiner eigenen Befürchtungen machte. Er diente der Furcht und dem Zittern als seinen Göttern, und wanderte auf der Erde umher mit Finsternis im Innern und Finsternis um ihn herum; er freute sich niemals mehr, sondern trug das Zeichen der Verworfenheit an seiner Stirn. Sein Leben war ohne Zweifel eine Hölle auf Erden, und endlich wurde er auf ewig von dem Angesicht des höchsten Gottes vertrieben. Das Blut hat eine Stimme, und wenn diese gegen einen Menschen gehört wird, so bringt sie einen unsagbaren Fluch über ihn.

Jetzt, Brüder, ist es eine sehr liebliche Aufgabe, euch zu bitten, eure Gedanken von dem Blut Abels zu dem Blut Jesu zu wenden. Ich fühle mich überzeugt, dass ihr eben jetzt die Stimme des Blutes Abels erkanntet, und ich möchte, dass eure Seele mit gleicher Deutlichkeit die Stimme des Blutes Jesu hörte, denn es sind dieselben Gründe da für ihr lautes Sprechen, nur sind sie noch weit nachdrücklicher. Könnt ihr jetzt auf Golgatha stehen und sehen, wie das Blut des Heilands von seinen Händen, Füßen und aus seiner Seite fließt? Was sind eure eigenen Gedanken über das, was dies Blut zu Gott sagt? Denkt jetzt an den Fuß des Kreuzes. Das Blut schreit mit einer lauten Stimme zu Gott, und was sagt es? Sagt es nicht dies: "O Gott, diesmal ist es nicht bloß ein Geschöpf, das blutet, sondern obgleich der Leib, der am Kreuz hängt, das Geschöpf Deines Heiligen Geistes ist, so ist es doch Dein eigener Sohn, der jetzt seine Seele im Tod ausströmt. O Gott, es ist Dein Eingeborener, Dir teuer, wesentlich eins mit Dir, einer, an dem Du Wohlgefallen hast, dessen Gehorsam vollkommen ist, dessen Liebe zu Dir unerschütterlich gewesen ist - Er ist es, der stirbt. O Gott, willst Du das Geschrei und die Tränen, die Seufzer, das Ächzen, das Blut Deines eigenen Sohnes verachten? Du liebevoller Vater, in dessen Schoß Jesus vor der Gründung der Welt war, Er stirbt, und willst Du Ihn nicht beachten? Soll sein Blut vergebens auf den Boden fallen?" Überdies spricht die Stimme noch: "Es ist nicht nur Dein Sohn, sondern Dein vollkommen unschuldiger Sohn, für den keine Notwendigkeit da war, zu sterben, weil Er keine Erbsünde hatte, die Verwesung über Ihn bringen konnte. Überdies hatte Er keine tatsächliche Sünde und hatte in seinem ganzen Leben nichts getan, das des Todes oder der Bande wert war.

O Gott, es ist Dein Eingeborener, der, fehlerlos, wie ein Lamm zur Schlachtbank geführt, wie ein Schaf vor seinen Scherern steht. Kannst Du es sehen, Du Gott über alles, kannst Du den unendlich heiligen und gerechten Sohn Deines Herzens hier zum Tod geführt sehen - kannst Du es sehen und nicht die Kraft des Blutes fühlen, wie es zu Dir schreit?" Kam nicht noch hinzu, dass unser Herr starb, um die Ehre seines Vaters zu verteidigen? "Für Dich, o Gott, für Dich stirbt Er! Er, der auf Golgatha hängt, hängt dort in Ehrerbietung gegen Deine Ratschlüsse, zur Erfüllung Deines eigenen Zwecks, zur Verteidigung der Ehre Deines Gesetzes, dass Du selber verherrlicht werdest, dass Deine Gerechtigkeit freien Spielraum habe und Deine Barmherzigkeit unbeschränkte Herrschaft. O Gott, der Leidende in seiner Totenblässe, dessen Wunden mit den grausamen Nägeln aufgerissen sind und dessen Seele von unaussprechlicher Qual gefoltert wird, stirbt für Dich. Wenn kein Gott gewesen wäre, so hätte Er nicht zu sterben brauchen. Wenn kein Gesetz zu verteidigen wäre, keine Wahrheit zu beschützen, wenn keine Ehre und Majestät und

Gerechtigkeit Huldigung verlangten, dann wäre es nicht nötig gewesen, dass Er stürbe. Wenn Du zufrieden wärst, Deine Ehre zu beflecken oder Deine Barmherzigkeit zurückzuhalten, so wäre es nicht notwendig gewesen, dass Er sich dahin gegeben hat. Aber es ist für Dich, für Dich jeder Schmerz, für Dich jeder Seufzer, für Dich jeder Blutstropfen, und willst Du dadurch nicht bewegt werden?" Brüder, ist nicht Kraft in dieser Stimme? Doch noch über dies hinaus muss das Blut so zu Gott gesprochen haben: "O Gott, das Blut, das nun vergossen wird, so ehrenvoll und glorreich an sich schon, wird aus einem Beweggrund vergossen, der göttlich gnädig ist. Er, der an diesem Kreuz stirbt, stirbt für seine Feinde, seufzt für die, welche Ihn seufzen machen, leidet für die, welche den Dolch in seine Seele stießen und dann über den Schmerz spotten, den sie selbst verursacht haben. O Gott, es ist eine Kette für Gott im Himmel, die das Opfer an die Hörner des Altars bindet, eine Kette von ewiger Liebe, von unbegrenzter Güte."

Nun, liebe Freunde, ihr und ich könnten nicht einen Menschen aus reinem Wohlwollen leiden sehen ohne dadurch bewegt zu werden, und soll Gott unbewegt bleiben? Der vollkommen heilige und gnädige Gott, soll Er gleichgültig, bleiben, wo ihr und ich tief gerührt werden? Der Anblick von Blut macht einige von uns schaudern; der Anblick des Blutes eines ganz Unschuldigen - von der Hand der Gewalttätigkeit vergossen - würde unser Innerstes schaudern machen; aber der Gedanke, dass dieses Blut aus einem so wunderbaren Beweggrund vergossen ist, aus uneigennütziger Liebe zu unwürdigen Verbrechern - dies würde uns in der Tat bewegen; und wähnt ihr, dass es nicht das Herz Gottes bewegte? Gelobt sei sein Name, wir sind hier nicht Vermutungen überlassen; es bewog unseren himmlischen Vater so, dass bis auf diesen Tag Gott zu den Menschen gekommen ist, und durch dieses Blut hat Er zu uns gesagt: "Was hast du getan? Was immer du auch getan hast, wie schwarz und schmutzig deine Sünde auch gewesen sein mag, die Stimme des Blutes meines Sohnes schreit zu mir von der Erde, und von diesem Tag an habe ich um seinetwillen den Fluch von der Erde genommen und will sie auch nicht wieder verfluchen. Ihr sollt gesegnet sein in eurem Korb und in eurem Übrigen, in eurem Eingehen und Ausgehen. Ich habe euch eure Missetaten vergeben; ich habe ein Zeichen auf euch gesetzt, und kein Mensch soll euch schaden, und die Gerechtigkeit soll euch nicht strafen, denn in der Person meines lieben Sohnes habe ich euch angenommen, schuldig wie ihr seid. Geht eures Weges und lebt glücklich und friedlich, denn ich habe eure Missetaten hinweggenommen und eure Sünden hinter mich geworfen, und der Tag ist gekommen, an welchem man eure Missetat suchen wird, aber es wird keine da sein, und eure Sünde, aber es wird keine gefunden werden, denn ich will sie vergeben denen, so ich überbleiben lasse." Abels Blut hat große Macht zum Fluchen, aber Jesu Blut hat Macht, die Menschenkinder zu segnen.

Ich möchte ein wenig bei diesem Gedanken verweilen. Ich wünsche, ich hätte die Kraft, ihn euch ins Herz zu drücken; indes kann nur der Heilige Geist das tun. Doch möchte ich etwas dabei stehen bleiben, damit ihr recht in den Kern desselben eindringt. Beachtet, dass das Blut Abels zu Gott lange sprach, ehe Kain sprach. Kain war taub für die Stimme von seines Bruders Blut, aber Gott hörte sie. Sünder, lange ehe du das Blut Jesu hörst, hört Gott es und schont deine schuldige Seele. Lange ehe das Blut in deine Seele dringt, um dich zur Buße zu schmelzen, bittet es für dich bei Gott. Es war nicht die Stimme Kains, die die Rache herabbrachte, sondern die Stimme des Blutes Abels; und nicht der Schrei des Sünders, der Barmherzigkeit sucht, ist die Ursache der Barmherzigkeit, sondern der Schrei des Blutes Jesu. Ich weiß, du wirst mir sagen, dass du nicht beten kannst; o, wie gut ist es, dass das Blut es kann, und dass, wenn du nicht bitten kannst, dass du obsiegst, dann das Blut bittet. Wenn du Gnade von Gott gewinnen sollst und Vergebung erhalten, so wird es nicht durch die Wirksamkeit deiner Gebete und Tränen sein, sondern durch die Wirksamkeit jenes Blutes des lieben Sohnes Gottes. Kain bat nicht um Rache, aber sie kam durch das Blut, ohne gesucht zu werden; und du, obwohl du fühlst, als wenn du kaum wagen könntest, nach Gnade auszublicken, sollst sie doch finden, wenn du dem Blut Jesu vertrauen kannst, das für dich spricht. Das Blut hat deine Stimme nicht nötig, um seine Macht bei Gott zu vergrößern; Er wird deine Stimme hören, aber darum, weil Er zuerst das Blut Jesu hört. Es ist gut für uns, dass das Blut Jesu Christi für den Schuldigen spricht, eben wie das Blut Abels gegen den Schuldigen sprach.

Jesu Blut bittet nicht für die Unschuldigen, wenn es solche gibt, denn sie brauchen keine Bitte von einem versöhnenden Opfer. Jesus bittet für die Aufrührerischen, dass Gott, der Herr, unter ihnen wohnen möge; für euch, die ihr seine Gesetze gebrochen und seine Liebe verachtet und gegen seine Macht gekämpft habt; das Blut Jesu bittet für solche, wie ihr seid, denn Er kam in die Welt, die Sünder selig zu machen. "Des Menschen Sohn ist gekommen, zu suchen und selig zu machen, was verloren ist."

Das teure Blut redet beständig. Bemerktet ihr das Wort im Text: "das redet", nicht: "das redete", sondern: "das redet"? Das Blut Jesu bat für den Schächer am Kreuz, aber es

"Soll nimmer seine Kraft verlieren,
Bis der Erlösten ganze Schar
Von Sünden frei, wird triumphieren."

Brüder, wenn die sieghafte Sünde das Gewissen niederdrückt, so ist es gut, tausendmal gut zu wissen, dass wir selbst dann einen siegenden Heiland haben. Schon vor Jahren kamen viele von uns zu Christus und fanden Vergebung; aber unser Glaube wird dann und wann schwach und unsere Zweifel werden stark. Kommt, lasst uns aufs neue zu der Quelle gehen, lasst uns wiederum auf das Kreuz blicken, denn das Blut redet noch. Der Wirkung nach blutet unser Herr Jesus heute so sehr wie Er es vor 1800 Jahren tat, denn sein Blut hat ebenso sichere Macht bei Gott in dem gegenwärtigen Augenblick, als da der Schächer sagte: "Herr, denk an mich." Lasst uns daran denken und uns darüber freuen. Meine Seele, wenn du nicht zu Gott flehen kannst, wenn du es nicht wagst, wenn deine Zunge still ist und Verzweiflung deinen Mund verschließt, selbst dann bittet Jesus. Nun, ergreife die Fürsprache; komm und wirf dich auf Ihn; baue völlig auf Ihn, Er muss obsiegen, obwohl du es nicht kannst, es muss Ihm gelingen, obgleich du durchaus keine Macht hast. Komm und verbinde dich mit der unfehlbar siegenden Macht des teuren Blutes, und es steht alles wohl mit dir, du bist sicher, sicher auf ewig. Gott gebe uns Gnade, dies zu tun, jedem von uns, und Ihm soll das Lob dafür sein!

Weiter, *Jesu Blut redet besser zu uns in unserem eigenem Herzen* als das Blut Abels.

Ich nehme an, die meisten von euch haben den Bericht der Zeitungskorrespondenten gelesen, die über die Schlachtfelder von Königgrätz oder Sadowa[20] gegangen waren. Wie schauerlich war es, von Gräbern zu lesen, die mit Blut gefüllt waren, und von dem Geruch verwesender Leichen, der so unerträglich war, dass die Reisenden eiligst das Schlachtfeld verlassen mussten. Ich möchte nicht der Urheber eines blutigen Krieges sein. Wie geringfügig ist oft der Anlass zu verzweifelten Kämpfen, die wochenlang andauern. Ich nehme an, dass manche Heerführer an solche Dinge gewöhnt werden; ich nehme an, dass sie ohne Rührung von Tausenden lesen können, die durch Kugeln und Bomben verstümmelt sind, und selbst die Leichenhaufen ohne einen Schauder zu sehen vermögen, aber ich bin gewiss, dass es mich wahnsinnig machen würde. O, Schuld an dem Blut eines einzigen zu sein, würde genügen, alle Freude aus meinem Leben zu verjagen; aber das Blut von Zehntausenden vergossen zu haben, um meinen Ehrgeiz zu befriedigen, meine ich, müsste den Verstand sofort zerrütten. Es muss ein Mangel an Gewissen sein, weshalb die Vernunft noch ihren Thron behält, wenn die Menschen durch ihrer Mitmenschen Blut gewatet sind, nur des selbstsüchtigen Gewinnes halber. Da zu Kains Zeit noch keine Kriege gewesen waren und das menschliche Herz noch nicht so brutalisiert war wie es jetzt ist, wo wir in so sanften Ausdrücken von Krieg sprechen können, wie es meist geschieht, so muss es, wenn er überhaupt ein Gewissen hatte, ein entsetzlicher Gedanke für ihn gewesen sein, dass er seinen Bruder getötet habe. "Ich habe einen Menschen getötet, ich habe sein Blut vergossen." Gewiss, damit fuhr er vom Schlaf auf. Wie konnte er auf seinem einsamen Lager ruhig

---

[20] Im Krieg zwischen Österreich und Preußen um die Führungsrolle in Deutschland wurden die Österreicher am 3. Juli 1866 bei Königgrätz (tschechisch: Sadowa) eingekreist und durch das überlegene Feuer des preußischen Zündnadelgewehrs furchtbar dezimiert.

sein? Der Mann mit der roten Hand! Die Schuld, ein grimmiger Kammerdiener, zog mit blutroten Fingern die Vorhänge von seinem Bett. Trat nicht die Szene immer wieder vor seine Seele? Die Unterredung auf dem Feld, der plötzliche Antrieb, der Schlag, das Blut, der Blick seines Opfers, wie es um Erbarmen rief, als ein grausamer Streich dem anderen folgte; und dann der Anblick des entstellten Körpers, das strömende Blut und die roten Zeichen auf der durchweichten Erde.

O, es muss eine Erinnerung gewesen sein, die wie eine gefährliche Giftschlange an dem Mörder hing, wo immer er auch war! Wohl mochte er eine Stadt bauen, wie uns gesagt wird, um diese flammenden Erinnerungen auszulöschen. Dann kam der Gedanke über ihn: "Du erschlugst ihn, obwohl er dein Bruder war." "Soll ich meines Bruders Hüter sein?", sagte er, aber Menschen sprechen zuweilen prahlerischer als ihr Herz im Geheimen spricht. Der Schrecken des Brudermordes muss Kain verfolgt haben: "Ich erschlug meinen Bruder; ich, der erste von der Frau Geborene, erschlug den Zweitgeborenen." Und dann fragte er sich: "Weshalb erschlug ich ihn? Was für Böses hatte er mir getan? Wenn er auch ein anderes Opfer als ich darbrachte, und wenn Gott auch ihn annahm und nicht mich, was für ein Leid hatte er mir getan?" Die Unschuld seines Opfers muss, wenn Kain irgendein Gewissen hatte, seine Unruhe vermehrt haben, denn er musste sich erinnern, wie harmlos Abel seine Schafe gehütet hat und selber wie eins von ihnen gewesen ist, gleich einem Lamm, dieser Hirte selbst ein wahres Schaf auf Gottes Weide. "Doch", musste Kain sagen, "erschlug ich ihn, weil ich Gott hasste, den Gott, vor dessen Gericht ich bald zu stehen habe, der sein Zeichen an mir gemacht hat." Könnt ihr euch den Mann vorstellen, der täglich so geschult und getadelt werden musste durch eines Bruders Blut? Die Seele eines Dichters gehört dazu, ihn zu lehren. Denk dir, wie du dich fühlen würdest, wenn du deinen eigenen Bruder getötet hättest, wie die Schuld über dir hängen würde gleich einer schwarzen Wolke, und Grausen in deine Seele tröpfeln würde.

Nun, Brüder, es ist mehr als die gleiche Kraft in dem Schrei des Blutes Jesu, nur wirkt es anders und es redet besser. Denkt indes daran, dass das Bessere mit ebenso viel Kraft redet. Tröstungen steigen aus dem Blut Jesu auf, die ebenso mächtig sind wie die Schrecken, die aus dem Blut Abels aufstiegen. Wenn der Sünder auf den getöteten Jesus blickt, so mag er wohl sagen: "Wenn ich nicht wüsste, dass dies Blut sowohl für mich als auch durch mich vergossen wäre, so würde meine Furcht sich tausendmal vergrößern; aber wenn ich denke, dass dieses teure Blut ein Blut ist, das anstatt des meinigen vergossen ist, dass es Blut ist, das Gott vor Gründung der Welt dazu verordnete und bestimmte, dass es für mich vergossen werden sollte, wenn ich denke, dass es das Blut von Gottes eigenem lieben Sohn ist, den Er geschlagen hat anstatt mich zu schlagen, und Ihn seinen ganzen Zorn hat tragen lassen, damit ich ihn nicht trüge, o mein Gott, was für Tröstungen strömen aus dieser gesegneten Quelle hervor!" Gerade in dem Verhältnis, wie der Gedanke an den Mord Kain elend machte, sollte euch der Glaube glücklich machen, wenn ihr an den getöteten Jesus Christus denkt; denn das Blut Christi, wie ich am Anfang der Predigt sagte, kann nicht eine weniger mächtige Stimme haben; es muss eine mächtigere Stimme haben als das Abels, und es schreit deshalb mächtiger für euch, als das Blut Abels gegen seinen Bruder Kain schrie. Dann, meine schreienden Sünden, kann ich euch hören, aber ich bin nicht bange vor euch, denn das Blut Jesu spricht lauter als ihr alle. Dann, Gewissen, kann ich deine Anklage vernehmen, aber ich erschrecke nicht, denn mein Heiland starb für mich. Ich komme vor Gott mit vollkommener Zuversicht, weil besprengt mit dem Blut meines Stellvertreters. Wenn das Grausen Kains bei einem erweckten Gewissen unerträglich sein mag, so ist der Friede, der mir durch das teure Blut Jesu wird, unbeschreiblich und unaussprechlich, ein Friede gleich einem Strom, eine Gerechtigkeit gleich den Wellen des Meeres. Süßen Frieden haben alle die, die das Blut in ihren Seelen reden hören, wie es ihnen sagt, dass die Sünde vergeben, dass Gott versöhnt ist, dass wir in dem Geliebten angenommen sind und dass wir jetzt in Jesus Christus bewahrt sind und niemals umkommen sollen und niemand uns aus seiner Hand reißen wird.

Ich hoffe, ihr kennt - ich weiß, viele von euch tun es - die süße Macht dieses "Friede-sprechenden" Blutes. Solch unschuldiges Blut, verordnet um Frieden zu geben, ist kostbar über alles. O meine Seele, suche niemals anderswo Frieden, und fürchte nie, dass du hier nicht Frieden finden wirst. Wenn du, o Christ, heute dein Vertrauen verloren hast, wenn du dir heute bewusst bist, falsch gegen deinen Herrn gewesen zu sein und seinem Geist getrotzt zu haben, wenn du dich heute sogar des Christennamens schämst, weil du ihn entehrt hast, wenn heute die Verzweiflung bereit ist, deine Hoffnung zu ersticken, und du in Versuchung bist, alles aufzugeben, so komm dennoch jetzt, eben jetzt, zu diesem teuren Blut. Denk nicht, dass mein Heiland nur die kleinen Sünder erretten kann; Er ist ein großer Heiland - mächtig zu erretten. Ich weiß, deine Sünden sprechen sehr laut - ach, wohl mögen sie das; ich hoffe, ihr werdet ihre Stimme hören und sie in Zukunft hassen, aber sie können nicht so laut reden wie das Blut Jesu. Es spricht: "Vater, Vater, soll ich vergeblich sterben? Vater, ich bezahlte mein Blut für Sünder, sollen Sünder nicht errettet werden? Ich wurde für die Schuldigen geschlagen, sollen die Schuldigen auch geschlagen werden?" Das Blut sagt: "O Gott, ich habe Dein Gesetz verteidigt, was verlangst Du mehr? Ich habe Deine Gerechtigkeit geehrt, warum solltest Du die Sünder in die Hölle werfen? O Du göttliche Güte! Kannst Du zwei Bezahlungen für eine Schuld nehmen, und diejenigen strafen, für die Christus litt? O Gerechtigkeit! Willst Du hier rächen? O Barmherzigkeit! Wenn der Weg frei gemacht ist, willst Du nicht zu schuldigen Sündern kommen? O göttliche Liebe! Wenn der Pfad für Dich geöffnet ist, willst Du Dich nicht den Aufrührerischen und den Schändlichen zeigen?" Das Blut soll nicht vergeblich bitten; Sünder sollen errettet werden, und ihr und ich, hoffe ich, unter ihnen zum Lob und zur Ehre seiner Gnade.

Zwei oder drei Worte zum Schluss. *Jesu Blut redet, sogar in meinem Text, besser denn Abels.*

Es redet dasselbe, aber in einem besseren Sinn. Beachtetet ihr den ersten Text? Gott sprach zu Kain: "Was hast du getan?" Nun, dies ist es, was Christi Blut zu dir spricht: "Was hast du getan?" Mein lieber Hörer, weißt du nicht, dass deine Sünden den Heiland töteten?

Wenn wir mit der Sünde gespielt und uns eingebildet haben, sie sei etwas sehr Geringes, eine Kleinigkeit, mit der man spielen und darüber lachen kann, so lasst uns den Irrtum berichtigen. Unser Heiland hängt am Kreuz und wurde durch unsere Sünden daran genagelt; sollen wir sie für klein halten? Vom Kreuz herab blickend, sagt Jesus zu uns: "Was hast du getan?" O mein Hörer, was hast du getan? Du hast deinen besten Freund erschlagen und dich selbst zu Grunde gerichtet! Lasst mich zu jedem von euch persönlich reden. Mach einen Überschlag über deine Sünden. Geh die schwarze Liste durch, von deiner Kindheit an bis jetzt. Was hast du getan? Ach! Herr, genug getan, mich auf ewig weinen zu machen, hättest Du nicht für mich geweint. Tropfen des Schmerzes können nie das bezahlen, was wir Deinem Blut schuldig sind. Ach! Ich habe Böses getan, Herr, aber Du hast mir Gutes getan. Was hast du getan? Was hast du getan? war eine schreckliche Anklage gegen Kain, sie hätte ihn wie ein Pfeil durchbohren können; aber für euch und mich ist sie die sanfte, fragende Stimme der Liebe eines Vaters, die uns zur Buße bringt. Möge sie uns jetzt dahin bringen!

Was ich hauptsächlich andeuten möchte, ist dies. Wenn ihr den zweiten Text anseht, so wird das Blut "das Blut der Besprengung" genannt. Ob Abels Blut Kain besprengte oder nicht, kann ich nicht sagen, aber wenn es das tat, so muss es sein Entsetzen vermehrt haben, dass er das Blut wirklich an sich hatte. Aber dies vermehrt die Freude in unserm Fall, denn das Blut Jesu ist von wenig Wert für uns, bis es auf uns gesprengt wird. Der Glaube tunkt den Ysop in das versöhnende Blut und sprengt es auf die Seele, und die Seele ist rein. Die Besprengung mit dem Blut Jesu ist der wahre Grund der Freude und die sichere Quelle christlichen Trostes; die Besprengung mit dem Blut Abels muss Entsetzen gewesen sein, aber die Besprengung mit dem Blut Jesu ist die Wurzel und Ursache aller Wonne.

Es ist noch ein anderes in dem Text, womit ich schließe. Der Apostel sagt: "Wir sind gekommen zu dem Blut der Besprengung." Er nennt das unter anderen Dingen, zu denen wir gekommen sind. Nun, von dem Blut Abels würde jeder vernünftige Mensch fliehen. Wer seinen Nächsten e mordet hat, wünscht eine weite Entfernung zwischen sich und dem anklagenden Leichnam. Aber wir kommen zu dem Blut Christi. Es ist ein Gegenstand, an dem wir uns freuen, wenn uns unsere Betrachtung ihm näher und näher bringt. Ich bitte euch, liebe christliche Freunde, ihm heute näher zu kommen, als ihr es gewesen seid. Denkt an die große Wahrheit der Stellvertretung. Malt euch die Leiden des Heilands vor. Weilt vor seinen Augen, sitzt am Fuß Golgathas, bleibt in der Nähe seines Kreuzes und wendet euch nie weg von diesem großen Anblick der Barmherzigkeit und des Elends. Kommt herzu; seid nicht bange. Ihr Sünder, die ihr Jesus nie vertraut habt, blickt hierher und lebt! Mögt ihr jetzt zu Ihm kommen!

"Kommt, schuld'ge Seelen, fliehet hin,
Den Tauben gleich, in Jesu Wunden."

Nein, flieht nicht vor den Wunden, die ihr gemacht habt, sondern findet Schutz darin; vergesst nicht die Leiden Christi, sondern ruht darin! Eure einzige Hoffnung liegt in dem Vertrauen auf Jesus, in der völligen Zuversicht. Denkt viel an die Schmerzen eures Herrn, und wenn ich es einigen von euch, die heute Nachmittag nicht ausgehen, vorschlagen darf, so würde es vielleicht gut sein, wenn ihr ein oder zwei Stunden zwischen den Gottesdiensten damit zubrächtet, die Leiden des Heilands zu betrachten; diese Betrachtungen mögen das Mittel werden, den Glauben zu euch zu bringen. Der Glaube kommt durchs Hören, aber durch nachdenkendes Hören; und Hören kommt durch das Wort Gottes, aber über das Wort muss nachgedacht werden. Schlagt das Wort auf, lest die Geschichte vom Kreuz, bittet den Herrn, es an euch zu segnen, und wer weiß, ob nicht einige von euch noch durch den göttlichen Geist die Stimme des Blutes hören werden, das besser redet als Abels. Der Herr segne jeden von euch um seines Namens willen. Amen.

Weinet nicht über mich.
Weint nicht über Jesu Schmerzen,
Weint nicht über Jesu Tod;
Weint erst über eurer Herzen
Unempfund'ne Sündennot.

Denn in Ihm ist nicht erfunden
Eine Sünde, ein Betrug,
Nur für euch trägt Er die Wunden,
Trägt nur eurer Sünde Fluch.

Könnt ihr keine Sünde finden,
Keine, an des Menschen Sohn,
Ist der Tod allein der Sünden
Strafe und gerechter Lohn:
O, dann muss Er Strafe dulden,
Die Er selber nicht verdient,
O, dann sind es fremde Schulden,
Die Er mit dem Tode sühnt!

Ach, was hilft's, mit Weinen, Trauern
Unter seinem Kreuz zu steh'n;
Ach, was hilft's, den Todesschauern,
Die Er fühlte, nachzugeh'n;
Ach, was hilft's, das Los beklagen,
Das der Heil'ge sich erwarb -
Ohne sich einmal zu fragen:
Warum und für wen Er starb?

Und für wen hat Er gestritten
Diesen Kampf, dem keiner gleich?
Und für wen den Tod gelitten?
Für die Brüder nur, für euch!
Und nun sehet an den Reinen,
Wie Er leidet in Geduld;
Und nun habt ihr Grund zu weinen,
Aber über eure Schuld.

Wenn ihr dann aus tiefstem Herzen
Eure Schuld erkennt, gesteht,
Wenn ihr in des Heilands Schmerzen
Eurer Sünde Strafe seht,
Wenn ihr weint um eure Sünden:

O, dann wird, der still und mild
Fremde Schuld trägt, euch verkünden,
Was die bitt're Träne stillt.

(Karl Johann Philipp Spitta)

Die Geschichte eines entlaufenen Sklaven[21]

"Vielleicht aber ist er darum eine Zeit lang von dir gekommen, dass du ihn ewig wieder hättest."

Philemon 15

ie Natur ist selbstsüchtig, aber die Gnade ist liebevoll. Wer sich rühmt, dass er sich um niemand kümmert und niemand um ihn, der ist das Gegenteil von einem Christen, denn Jesus Christus erweitert das Herz, wenn Er es reinigt. Niemand ist so zart und teilnehmend wie unser Meister, und wenn wir wirklich seine Jünger sind, so wird derselbe Sinn in uns sein, der in Christus Jesus war. Der Apostel Paulus war ungemein weitherzig und mitfühlend. Gewiss, er hatte genug zu tun in Rom, seine eigenen Leiden zu tragen und das Evangelium zu predigen. Wenn er, wie der Priester im Gleichnis vom barmherzigen Samariter, "vorübergegangen" wäre, hätte er entschuldigt werden können, denn er hatte dringende Geschäfte für den Meister auszurichten, der einst zu seinen 70 Boten sprach: "Grüßt niemand auf den Straßen." Wir hätten uns nicht wundern dürfen, wenn er gesagt hätte: "Ich kann die Zeit nicht finden, mich mit dem zu befassen, was ein entlaufener Sklave braucht." Aber Paulus hatte nicht diesen Sinn. Er hatte gepredigt, Onesimus war bekehrt worden, und von da an betrachtete er ihn wie seinen eigenen Sohn.

Ich weiß nicht, wie Onesimus zu Paulus kam. Vielleicht kam er zu ihm, wie sehr viele Taugenichtse zu mir kommen - weil ihre Väter mich gekannt haben; weil der Herr des Onesimus Paulus kannte, wandte sich der Diener an seines Herrn Freund, vielleicht um in

---

[21] Gehalten im Metropolitan Tabernakel, Newington.

seiner Not ein wenig Hilfe von ihm zu erbetteln. Irgendwie ergriff Paulus aber die Gelegenheit und predigte ihm Jesus, und der entlaufene Sklave wurde zum Glauben an den Herrn Jesus Christus geführt. Paulus beobachtete ihn, ihm gefiel der Neubekehrte, und er ließ sich gern von ihm bedienen, und als es ihm richtig schien, dass er zu seinem Herrn zurückkehre, gab er sich viele Mühe, einen Entschuldigungsbrief abzufassen, einen Brief, der von langem Nachdenken zeugt, da jedes Wort wohl gewählt ist; denn obwohl der Heilige Geist ihn eingab, so hindert die Inspiration nicht, dass ein Mensch Gedanken und Sorgfalt auf das wendet, was er schreibt. Jedes Wort ist zu einem bestimmten Zweck ausgewählt. Wenn er seine eigene Sache geführt hätte, so hätte er es nicht mit mehr Weisheit und Ernst tun können. Paulus war, wie ihr wisst, nicht gewohnt, seine Briefe mit eigener Hand zu schreiben, sondern diktierte sie einem Gehilfen. Man nimmt an, dass er an schwachen Augen litt, und deshalb, wenn er schrieb, große Buchstaben machte, wie er in einem seiner Briefe sagt: "Seht, einen wie großen Brief ich euch mit eigener Hand geschrieben habe" (Gal 6,11; engl. Übers.) Der Brief selber war kein großer, er spielte wahrscheinlich auf die Größe der Buchstaben an, die er gebrauchen musste, wenn er selbst schrieb.

Dieser Brief an Philemon war, wenigstens teilweise, nicht diktiert, sondern eigenhändig geschrieben. Seht den 19. Vers an: "Ich, Paulus habe es geschrieben mit meiner eigenen Hand, ich will es bezahlen." Es ist das einzige Handgeschrieben in der Schrift, so viel ich mich erinnere, aber hier ist es ein Wechsel auf jede Summe, die Onesimus gestohlen haben könnte.

Lasst uns streben, weitherzig zu sein und Teilnahme für Gottes Kinder zu haben, besonders für die Neubekehrten, wenn wir sie in Not finden durch ein früher begangenes Unrecht. Wenn irgendetwas zurecht gebracht werden muss, lasst uns sie nicht von vornherein verdammen und sagen: "Du hast deinen Herrn bestohlen, nicht wahr? Du behauptest, bekehrt zu sein, aber wir glauben es nicht." Solcher Verdacht und solche strenge Behandlung mag wohl verdient sein, aber dies gibt uns die Liebe Christi nicht ein. Versucht, den Gefallenen zurechtzuhelfen und lasst sie wieder von neuem beginnen in der Welt. Wenn Gott ihnen vergeben hat, dann können wir es auch, und wenn Jesus Christus sie annimmt, so können sie für uns nicht zu schlecht sein. Lasst uns für sie tun, was Jesus getan haben würde, wenn Er hier gewesen wäre, so werden wir wahre Jünger Jesu sein.

So führe ich euch in den Text hinein und sage über ihn, dass er ein besonderes Beispiel göttlicher Gnade enthält. Zweitens führt er uns einen Fall vor, wo die Sünde zum Guten gelenkt wird. Und drittens kann er angesehen werden als Vorbild eines Verhältnisses, das durch die Gnade vervollkommnet wird, denn nun wird der, der eine Zeit lang ein Diener war, sein Leben lang bei Philemon bleiben, und nicht mehr ein Diener, sondern ein geliebter Bruder sein.

Aber zuerst lasst uns Onesimus betrachten als *ein Beispiel der göttlichen Gnade.*

Wir sehen die Gnade Gottes in seiner Erwählung. Er war ein Sklave. In jenen Tagen waren die Sklaven kaum unterrichtet, sehr unwissend und herabgekommen. Da sie barbarisch behandelt wurden, waren sie zum größten Teil selbst in die niedrigste Barbarei versunken, und ihre Herren versuchten auch nicht, sie da herauszuheben. Es ist möglich, dass Philemons Versuch, dem Onesimus zu nützen, diesem lästig wurde und er deshalb aus dem Haus geflohen war. Seines Herrn Gebete, Warnungen und christliche Anordnungen mögen ihm unangenehm gewesen sein und er ist deshalb fortgelaufen. Er war seinem Herrn etwas schuldig, was kaum der Fall sein könnte, wenn man ihm nicht bis zu einem gewissen Grad Vertrauen geschenkt hätte. Vielleicht ist die ungewöhnliche Freundlichkeit des Philemon und das Vertrauen, das in ihn gesetzt wurde, zu viel für seine rohe Natur gewesen. Wir wissen nicht, was er gestohlen hat, aber augenscheinlich war etwas nicht in Ordnung, denn der Apostel sagt: "So er dir etwas Schaden getan oder schuldig ist, das rechne mir zu." Er lief weg von Kolossä, und in dem Gedanken, dass er weniger leicht von den Dienern der Gerechtigkeit entdeckt werden würde, suchte er Rom auf, was schon damals eine sehr große Stadt war. Dort in jene Hinterstraßen, wie jetzt das Judenquartier in Rom, ist er wahrscheinlich gegangen, um sich zu verbergen oder in die Diebeshöhlen, die die kaiserliche Stadt verpesteten, dort würde man nichts mehr von ihm sehen oder hören, dachte er; und er konnte das freie und leichte Leben eines Diebes führen. Aber seht, der Herr schaute hernieder vom Himmel mit dem Auge der Liebe und richtete dieses Auge auf Onesimus.

Waren keine freien Männer da, dass Gott einen Sklaven erwählen musste? Waren keine treuen Diener da, dass Er einen wählen musste, der seines Herrn Geld unterschlagen hatte? Waren keine Gebildeten und Unterrichteten da, dass Er es nötig hatte, auf einen Halbwilden zu blicken? Waren keine unter den moralisch Guten und Trefflichen da, dass die unendliche Liebe sich auf dieses herabgewürdigte Wesen richtete, das sich mit dem Abschaum der Gesellschaft verbunden hatte? Und was der Abschaum der Gesellschaft im alten Rom war, daran mag ich nicht denken, denn die oberen Klassen waren ungefähr so viehisch in ihren allgemeinen Gewohnheiten, wie wir es nur denken können; und was der niedrigste Abschaum gewesen sein muss, dass kann keiner von uns sagen. Onesimus war Teil dieses Abschaums, bis zum Hals in einer Kloake von Sünde. Lest das erste Kapitel des Römerbriefes, wenn ihr könnt, und ihr werdet sehen, in welchem furchtbaren Zustand die heidnische Welt damals war, und Onesimus war unter den Schlechtesten der Schlechtesten; und doch richtete die ewige Liebe, die an Königen und Fürsten vorüberging, und die Pharisäer und Sadduzäer, Philosophen und Magier im Dunkeln tappen ließ, wie es ihnen gefiel, ihr Auge auf dieses arme, umnachtete Geschöpf, damit es zu einem Gefäß der Ehren werde, ein geeignetes Werkzeug des Herrn.

> *"Wenn Gott, der Herr, vom Himmel fährt*
> *Auf diese Erd' herab,*
> *Voll heil'gen Zornes Er sich kehrt*
> *Vom stolzen Fürsten ab.*
> *Nicht auf den Höhen weilet Er,*
> *Hinunter geht sein Lauf,*

Demüt'ge Seelen liebt der Herr,
Und diese sucht Er auf.

Warum denn stößt Er so zurück
Die Fürsten dieser Welt?
Warum dem sanften Liebesblick
Nur Niedrigkeit gefällt?

Schweig', Sterblicher, und wag' es nicht,
Zu tadeln, was Er will,
Halt' über Ihn du nicht Gericht,
Nein, zitt're, und sei still.

Denn wie Er selbst, ist seine Gnad'
So frei und unumschränkt,
Und unerforschlich ist der Pfad,
Den seine Weisheit lenkt."

"Welchem ich gnädig bin, dem bin ich gnädig, und welches ich mich erbarme, des erbarme ich mich", das rollt dem Donner gleich von dem Kreuz auf Golgatha und von dem Berg Sinai. Der Herr herrscht unumschränkt und tut, was Ihm gefällt. Lasst uns diese wunderbare, erwählende Liebe anbeten, die einen Menschen wie den Onesimus wählte!

Wir sehen diese Gnade auch in der Bekehrung dieses entlaufenen Sklaven. Seht ihn an! Wie unwahrscheinlich ist es, dass er bekehrt werden wird. Er ist ein asiatischer Sklave, der ungefähr auf derselben Stufe steht wie ein gewöhnlicher indischer Matrose oder heidnischer Chinese. Er war aber schlechter als jener, der ein freier Mann ist und wahrscheinlich ein ehrlicher. Dieser Mann war unredlich gewesen und dabei verwegen, denn nachdem er seines Herrn Eigentum nahm, war er kühn genug, eine lange Reise von Kolossä zu machen, um Rom zu erreichen. Aber die ewige Liebe beabsichtigt, diesen Mann zu bekehren, und bekehrt wird er werden. Er mochte den Paulus zu Kolossä und zu Athen gehört haben, aber es hatte keinen Eindruck auf ihn gemacht. In Rom predigte Paulus nicht in der Peterskirche;

nicht in einem so erhabenen Raum. Paulus predigte nicht in einem Raum wie dies Tabernakel, wo Onesimus einen bequemen Sitz erhalten konnte - kein solcher Ort wie dieser -, sondern es war wahrscheinlich dort an der Rückseite des Palatinischen Hügels, wo die prätorianische Wache ihr Quartier hatte und wo sich ein Gefängnis befand, das das Prätorium genannt wurde. In einem kahlen Raum des Barackengefängnisses saß Paulus mit einem Soldaten, der an seine Hand gefesselt war, und predigte allen, die zu ihm gelassen wurden, um ihn zu hören; und dort war es, wo die Gnade Gottes das Herz dieses wilden, jungen Menschen erreichte, und welche Veränderung bewirkte sie sofort in ihm! Nun seht ihr ihn, wie er seine Sünde bereut, betrübt bei dem Gedanken, einem Mann Schaden getan zu haben, traurig, die Verderbnis seines Herzens sowie den Irrtum seines Lebens zu sehen. Er weint; Paulus predigt ihm Christus, den Gekreuzigten, und der Glanz der Freude ist in seinem Auge; und von diesem schweren Herzen wird eine Last genommen. Neue Gedanken erleuchten diese dunkle Seele; sogar das Antlitz ist verändert, und der ganze Mensch neu, denn die Gnade Gottes kann den Löwen in ein Lamm und den Raben in eine Taube umwandeln. Einige von uns sind, wie ich nicht zweifle, ebenso wunderbare Beispiele der göttlichen Erwählung und wirksamen Berufung wie Onesimus es war. Lasst uns daher die Freundlichkeit Gottes verkünden und uns sagen: "Christus soll den Ruhm dafür haben. Der Herr hat es getan, und dem Herrn sei Ehre von nun an bis in Ewigkeit."

Die Gnade Gottes war sichtbar in der Gemütsart, die sie in dem Onesimus bei seiner Bekehrung weckte, denn er scheint hilfreich, dienstbereit und von Nutzen gewesen zu sein. Das jedenfalls sagt Paulus. Er hätte ihn gern als Gesellschafter behalten, und nicht eben jeden Bekehrten möchten wir gerade als Gefährten wählen. Es gibt sonderbare Leute, die in den Himmel kommen werden, daran zweifeln wir nicht, weil sie Pilger auf dem rechten Weg sind, aber wir würden gern auf der anderen Seite des Weges bleiben, denn sie sind widerborstig, und es ist etwas an ihnen, das unserer Natur nicht mehr zusagt, als unserem Gaumen eine widerliche Arznei gefällt. Sie sind eine Art geistliche Stachelschweine; sie sind lebendig und nützlich, und ohne Zweifel veranschaulichen sie die Weisheit und Geduld

Gottes, aber sie sind keine guten Gefährten, man möchte sie nicht gern in seinem Busen tragen.

Aber Onesimus hatte augenscheinlich ein freundliches, sanftes, liebendes Gemüt. Paulus nannte ihn sofort Bruder und würde ihn gern bei sich behalten haben. Als er ihn zurücksandte, war es da nicht ein klarer Beweis seiner Herzensveränderung, dass er willig war, zurückzugehen? Fern von da, wie er es in Rom war, hätte er von einer Stadt zur anderen gehen können und wäre vollkommen frei geblieben, aber da er fühlte, dass er unter einer Art Verpflichtung gegen seinen Herrn war - besonders seit er ihm geschadet hatte -, folgt er dem Rat des Paulus, in seine alte Stellung zurückzukehren. Er will zurück und einen Entschuldigungs- oder Empfehlungsbrief an seinen Herrn mitnehmen; denn er fühlt, dass es seine Pflicht ist, das geschehene Unrecht wieder gutzumachen.

Ich sehe immer gern einen Entschluss, früheres Unrecht zu beheben, bei Leuten, die behaupten, bekehrt zu sein. Wenn sie unrechtmäßigerweise Geld genommen haben, so sollten sie es wieder bezahlen; es wäre gut, wenn sie es siebenfältig erstatteten. Wenn wir auf irgendeine Weise einem anderen etwas genommen oder ihm geschadet haben, so meine ich, die ersten Regungen der Gnade im Herzen werden uns eingeben, auf jede Weise, die in unseren Kräften steht, es wieder gutzumachen. Denkt nicht, dass ihr darüber hinwegkommen könnt, wenn ihr sprecht: "Gott hat mir vergeben, und deshalb kann ich es unterlassen." Nein, lieber Freund, sondern da Gott dir vergeben hat, versuche, alles Unrecht wieder gutzumachen, und beweise die Aufrichtigkeit deiner Reue dadurch. So will Onesimus zu Philemon zurückkehren und die bestimmten Jahre für ihn arbeiten oder sonst tun, was er wünscht, denn obgleich er vorgezogen haben würde, dem Paulus zu dienen, so war seine erste Verpflichtung doch gegen den Mann, dem er schadete. Dies zeugte von einem sanften, demütigen, redlichen, aufrichtigen Geist; und lasst uns den Onesimus dafür loben; nein, lasst uns die Gnade Gottes dafür preisen. Seht den Unterschied zwischen dem Mann, der stahl, und dem Mann, der nun zurückkehrt, um seinem Herrn zu dienen.

151

Welche Wunder hat die Gnade Gottes getan! Brüder, lasst mich hinzufügen: Welche Wunder kann die Gnade Gottes tun! Viele Mittel werden in der Welt ausprobiert zur Besserung der Bösen und zur Aufrichtung der Gefallenen, und allen diesen Bemühungen, so weit sie redliche Motive haben, wünschen wir guten Erfolg; denn allem, was lieblich und rein ist, dem wünschen wir Gottes Segen. Aber merkt euch dieses Wort: die wahre Besserung des Trunkenboldes ist die, dass er ein neues Herz bekommt; die wahre Wiederaufrichtung der Hure ist ein erneuerter Sinn. Die Reinheit wird nie den gefallenen Frauen durch jene garstigen Gesetze über ansteckende Krankheiten zuteil werden, die nach meinem Gefühl gleich Kain einen Fluch an ihrer Stirn tragen. Die Weiblichkeit wird unter solchen Gesetzen nur tiefer sinken. Die Hure muss in des Heilands Blut gewaschen werden, sonst wird sie niemals rein. Die unterste Schicht der Gesellschaft wird nie anders in das Licht der Tugend, Mäßigkeit und Reinheit gebracht werden als durch Jesus Christus und sein Evangelium; und wir müssen dabei bleiben. Lasst alle anderen tun, was ihnen gefällt, aber Gott verhüte, dass ich mich rühmen sollte als allein von dem Kreuz Jesu Christi. Ich sehe gewisse Brüder, die Zweige von dem Baum des Lasters mit ihren hölzernen Sägen abhacken; aber das Evangelium legt die Axt an die Wurzeln in dem ganzem Wald des Bösen, und wenn es recht in das Herz aufgenommen ist, so fällt es alle Upasbäume auf einmal, und statt ihrer werden Tannen, Buchen und Buchsbäume aufwachsen, um das Haus der Herrlichkeit unseres Herrn zu schmücken. Lasst uns, wenn wir sehen, was der Geist Gottes für Menschen tun kann, die Gnade Gottes verkünden und sie mit all unserer Kraft erheben.

Und nun, zweitens, haben wir in unserem Text und seinem Zusammenhang *ein sehr interessantes Beispiel davon, wie die Sünde zum Guten gelenkt wird.*

Onesimus hatte kein Recht, seinen Herrn zu bestehlen und ihm zu entlaufen; aber es gefiel Gott, dieses Verbrechen zu seiner Bekehrung zu gebrauchen. Es brachte ihn nach Rom, und dahin, wo

Paulus predigte, und auf diese Weise zu Christus und zur Vernunft. Nun müssen wir, wenn wir davon sprechen, vorsichtig sein. Wenn Paulus sagt: "Vielmehr ist er darum eine Zeitlang von dir genommen, dass du ihn ewig wieder hättest", so entschuldigt er nicht sein Weggehen. Er erklärt nicht, dass Onesimus recht getan hätte - keinen Augenblick. Sünde ist Sünde, und was immer durch die Sünde bewirkt wird durch Gottes Lenkung, so ist die Sünde doch immer noch Sünde. Die Kreuzigung unseres Heilands hat die größten nur denkbaren Segnungen für die Menschheit gebracht, nichtsdestoweniger waren es "die Hände der Ungerechten", die Jesus nahmen und Ihn kreuzigten. Der Verkauf Josefs nach Ägypten war in Gottes Hand das Mittel, Jakob und seine Söhne zur Zeit der Teuerung zu erhalten; aber seine Brüder hatten damit nichts zu tun und waren nicht weniger schuldig, weil sie ihren Bruder als Sklaven verkauft hatten. Lasst uns stets daran denken, dass die Fehlerhaftigkeit oder Tugend einer Handlung nicht auf ihren Folgen beruht. Wenn zum Beispiel ein Mann, der bei einer Eisenbahn angestellt ist, um die Weichen zu stellen, dies vergisst, so nennt ihr es ein großes Verbrechen, wenn sich ein Unglücksfall ereignet und ein Dutzend Leute getötet werden. Ja, aber das Verbrechen ist dasselbe, wenn niemand getötet wird. Es ist nicht die Folge der Nachlässigkeit, sondern die Nachlässigkeit selbst, die Strafe verdient. Wenn es des Mannes Pflicht wäre, die Weiche in der und der Richtung zu stellen, und sein Unterlassen durch irgendeinen besonderen Zufall zur Rettung des Leben gedient hätte, so würde der Mann ebenso tadelnswert sein. Ihm wäre kein Verdienst beizumessen, denn wenn seine Pflicht in einer gewissen Richtung liegt, so liegt sein Fehler auch in derselben, nämlich in der Vernachlässigung dieser Pflicht. Wenn Gott die Sünde zum Guten lenkt, wie Er es manchmal tut, ist sie darum doch nicht weniger Sünde. Es ist und bleibt Sünde, und nur um so mehr Ruhm ist für die wunderbare Weisheit und Gnade Gottes zu bringen, der aus dem Bösen Gutes hervorbringt und so tut, was nur allmächtige Weisheit vollbringen kann. Onesimus ist nicht entschuldigt: Dass er seines Herrn Güter veruntreut und ihn ohne Berechtigung verlassen hat, macht ihn zum Übeltäter, aber Gottes Gnade wird verherrlicht.

Erinnert euch ferner daran - dies muss beachtet werden: als Onesimus seinen Herrn verließ, beging er eine Handlung, deren Folgen aller Wahrscheinlichkeit nach für ihn gefährlich sein würden. Er lebte als Diener, dem Vertrauen geschenkt wurde, unter dem Dach eines freundlichen Herrn, der eine Gemeinde in seinem Hause hatte. Wenn ich den Brief richtig verstehe, so hatte er einen gottesfürchtigen Herrn und eine gottesfürchtige Herrin und dadurch immer Gelegenheit, das Evangelium zu lernen; aber dieser leichtsinnige junge Bursche konnte dies wahrscheinlich nicht ertragen und hätte zufriedener bei einem heidnischen Herrn gelebt, der ihn den einen Tag geschlagen und den anderen Tag betrunken gemacht hätte. Den christlichen Herrn mochte er nicht, darum ging er davon. Er verachtete die Gelegenheit, das Heil zu ergreifen, und ging nach Rom, und er muss in den schlechtesten Stadtteil gegangen sein, und sich, wie ich euch schon sagte, mit den rohesten Leuten zusammengetan haben. Nun, wenn es sich ergeben hätte, dass er an den Sklavenaufständen teilnahm, die damals häufig stattfanden, wie er es aller Wahrscheinlichkeit nach getan hätte, hätte die Gnade ihn nicht daran gehindert, so wäre er hingerichtet worden, wie andere es wurden. Es wäre kurzer Prozess mit ihm in Rom gemacht worden; ein Mann ist halb verdächtig - ab mit seinem Kopf, das war die Regel für Sklaven und Vagabunden. Onesimus war gerade ein Mann, der wahrscheinlich rasch zum Tod verurteilt und damit ins ewige Verderben gestürzt worden wäre. Er hatte seinen Kopf, sozusagen, in des Löwen Rachen gesteckt durch das, was er tat.

Wenn ein junger Mensch plötzlich seine Heimat verlässt und nach London geht, so wissen wir, was das bedeutet. Wenn seine Freunde nicht wissen, wo er ist, und er nicht will, dass sie es wissen, so vermuten wir sehr bald, wo er ist und was er treibt. Was Onesimus tat, weiß ich nicht, aber er tat sicher sein Bestes, sich zu ruinieren. Sein Verhalten muss deshalb nach dem beurteilt werden, wohin es ihn wahrscheinlich gebracht hätte, und dass es ihn nicht dahin führte, war nicht sein Verdienst, sondern dafür gebührt der Lenkung Gottes die Ehre. Seht, liebe Brüder, wie Gott alles lenkte. So hatte der Herr es beschlossen. Niemand soll fähig sein, das Herz des Onesimus zu rühren, als Paulus. Onesimus lebt zu Kolossä; Paulus kann nicht dahin kommen, er ist im Gefängnis. Darum muss Onesimus zu Paulus gebracht werden. Hätte Philemons freundliches Herz sich bewogen gefunden, dem Onesimus zu sagen: "Ich wünsche, dass du nach Rom gehst, Paulus aufsuchst und ihn hörst", so hätte dieser unnütze Knecht erwidert: "Ich will nicht mein Leben daran wagen, eine Predigt zu hören. Wenn ich mit dem Brief oder dem Geld gehe, das du dem Paulus sendest, so will ich es abliefern, aber ich brauche seine Predigt nicht." Manchmal, wisst ihr, wenn die Leute hingebracht werden, einen Prediger zu hören in der Absicht, dass sie bekehrt werden sollen, und sie irgendeine Ahnung davon haben, so ist es das unwahrscheinlichste Ding, dass sie es werden, weil sie mit dem Entschluss dahin gehen, feuerfest zu sein, damit die Predigt ihnen nicht zu Herzen geht; und wahrscheinlich würde dies bei Onesimus der Fall gewesen sein. Nein, nein, er war auf diesem Weg nicht zu gewinnen, er muss auf anderem Weg nach Rom gebracht werden. Wie denn? Der Teufel soll es tun, ohne zu wissen, dass er dadurch einen willigen Diener verliert. Der Teufel versucht den Onesimus zum Stehlen. Onesimus tut es, und als er es tat, ist er ängstlich, dass er entdeckt wird, und deshalb macht er sich auf den Weg nach Rom, so schnell er kann, geht dort in die niedrigsten Schlupfwinkel, und da fühlt er, was der verlorene Sohn fühlte - einen hungrigen Magen, und das ist einer der besten Prediger in der Welt für manche Leute; ihr Gewissen wird auf diesem Weg erreicht. Als er sehr hungrig war, nicht wusste, was er tun sollte, und kein Mensch ihm etwas gab, da denkt er nach, ob wohl jemand in Rom ist, der Mitleid mit ihm haben würde. Er kennt niemanden in Rom und ist nahe daran, zu verhungern. Vielleicht war da eines Morgens eine christliche Frau - mich sollte es nicht wundern -, die hinging, um Paulus zu hören, sie sah diesen armen Menschen auf einer Tempeltreppe kauern und ging zu ihm und sprach über seine Seele mit ihm. "Seele", sagte er, "um die kümmere ich mich nicht, aber mein Körper würde dir für etwas Speise danken. Ich bin halb verhungert." Sie erwiderte: "So komm mit mir", und gab ihm Brot, und sagte dann: "Ich tue das um Jesu Christi willen." "Jesus Christus", sagte er, "von Ihm habe ich gehört. Ich pflegte von Ihm drüben in Kolossä zu hören." "Wen hörtest du von Ihm sprechen?", fragte die Frau dann vielleicht. "Nun, einen kleinen Mann mit schwachen Augen, einen großen Prediger, Paulus

mit Namen, der in das Haus meines Herrn zu kommen pflegte."
"Nun, ich gehe, um ihn predigen zu hören", sagte die Frau, "willst du
kommen und ihn mit mir hören?" "Ja, ich glaube, ich würde ihn gern
wieder hören. Er hatte immer ein freundliches Wort für die Armen."
So geht er hin und drängt sich durch die Soldaten, und der Herr des
Paulus gibt diesem das rechte Wort.

Es mag so gewesen sein oder es mag anders gewesen sein,
dass er, da er niemand anderen kannte, dachte: "Wohl, da ist Paulus,
das weiß ich. Er ist im Gefängnis, und ich will hingehen und sehen,
wo er ist." Er geht hinab in das Prätorium, findet ihn da, erzählt ihm
von seiner großen Armut, Paulus spricht mit ihm und dann bekennt
er das Unrecht, was er getan hat, und Paulus, nachdem er ihn eine Zeit
lang unterrichtet hat, sagt: "Nun musst du zurückgehen und bei
deinem Herrn das, was du getan hast, wieder gutmachen." Es mag auf
eine dieser beiden Arten gewesen sein; jedenfalls muss der Herr den
Onesimus in Rom haben, um Paulus zu hören, und die Sünde des
Onesimus, obgleich vollkommen freiwillig von seiner Seite, so dass
Gott keinen Anteil daran hatte, wird durch eine geheimnisvolle
Fügung so gelenkt, dass er dahin gebracht wird, wo das Evangelium
an seiner Seele gesegnet werden soll.

Nun möchte ich mit einigen von euch christlichen Leuten
über diese Sache sprechen. Habt ihr einen Sohn, der euer Haus
verlassen hat? Ist er ein eigensinniger, verkehrter, junger Mensch, der
weggegangen ist, weil er die Zucht einer christlichen Familie nicht
ertragen konnte? Es ist traurig, dass es so ist - sehr traurig, aber
verzweifelt nicht, denkt nicht mit Trauer an ihn. Ihr wisst nicht, wo
er ist, aber Gott weiß es; ihr könnt ihm nicht folgen, aber der Geist
Gottes kann es. Er ist auf der Reise nach Schanghai. Ah, da mag ein
Paulus in Schanghai sein, der das Mittel zu seiner Bekehrung sein
soll, und da dieser Paulus nicht in England ist, muss euer Sohn dahin
gehen. Geht er nach Australien? Es mag dort ein Wort zu ihm gesprochen
werden, das einzige Wort, das ihn je treffen wird. Ich kann es nicht
sprechen, niemand in London kann es sprechen; aber der Mann dort
wird es sprechen, und deshalb lässt Gott ihn in all seinem Eigensinn
und seiner Torheit weggehen, damit er unter die Gnadenmittel

gebracht wird, die sich als wirksam zu seiner Seligkeit erweisen werden. Mancher Seemann ist wild gewesen, sorglos, Gottlos, Christuslos, und ist zuletzt im fremden Land ins Hospital gebracht worden. Ach, wenn seine Mutter wüsste, dass er am gelben Fieber erkrankt ist, wie traurig würde ihr Herz sein, denn sie würde daraus schließen, dass ihr Sohn in Havanna oder sonst wo sterben und niemals heimkehren würde. Aber gerade in diesem Hospital will Gott zu ihm kommen. Ein Seemann schreibt mir ungefähr folgendes: "Meine Mutter bat mich, jeden Tag ein Kapitel in der Bibel zu lesen, aber ich tat es nie. Ich kam in das Hospital in Havanna, und als ich da war, lag ein Sterbender neben mir, der in einer Nacht starb; aber vor seinem Tod sagte er zu mir: ‚Kamerad, könntest du hierher kommen? Ich will mit dir sprechen. Ich habe hier etwas, das mir sehr wertvoll ist. Ich war ein wilder Bursche, aber das Lesen dieser Predigten hat mich zu dem Heiland geführt, und ich sterbe mit einer guten Hoffnung durch Gottes Gnade. Nun, wenn ich tot und heimgegangen bin, magst du diese Predigten nehmen und sie lesen, und möge Gott sie an dir segnen. Und willst du einen Brief schreiben an den Mann, der diese Predigten hielt und drucken ließ, um ihm zu sagen, dass Gott sie zu meiner Bekehrung gesegnet hat, und dass ich hoffe, Er wird sie dir auch segnen'". Es war ein Paket von meinen Predigten, und Gott segnete sie an diesem jungen Mann, der, wie ich gar nicht zweifle, in dieses Hospital kam, weil dort ein Mann, der zu Christus geführt war, ihm die Worte übergeben sollte, die Gott an ihm segnen wollte. Du weißt nicht, liebe Mutter, du weißt nicht. Das Schlimmste, was einem jungen Menschen widerfahren kann, ist oft das Beste, das ihm geschehen kann.

Ich habe manchmal gedacht, wenn ich junge Männer von Stand und Reichtum sich an Wettrennen und allen Arten Zerstreuungen beteiligen sah: "Es ist dies zwar ein furchtbar schlechtes Ding, aber es mag ebenso gut sein, dass sie ihr Geld durchbringen, so schnell sie nur können, und dann, wenn sie an den Bettelstab gebracht sind, werden sie wie der junge Mann im Gleichnis sein, der seinen Vater verließ." Als er alles verzehrt hatte, kam eine große Teuerung in das Land, und er fing an zu hungern, und sprach: "Ich will mich aufmachen und zu meinem Vater gehen." Vielleicht ist die Krankheit, die dem

Laster folgt, vielleicht ist die Armut, die wie ein gewappneter Mann über Verschwendung und Ausschweifung kommt, nur Liebe in einer anderen Form, nur gesandt, um den Sünder zu nötigen, zu sich zu kommen, seine Wege zu überlegen und einen barmherzigen Gott zu suchen.

Ihr christlichen Leute seht oft die kleinen Straßenkinder - die armen kleinen Verwahrlosten - und ihr fühlt viel Mitleid mit ihnen, wie ihr es wohl tun mögt. Es ist eine liebe Schwester hier, Fräulein Annie Macpherson, die nur für sie lebt. Gott segne sie und ihr Werk! Wenn ihr sie seht, so könnt ihr nicht froh sein, sie so zu sehen, wie sie sind, aber ich habe oft gedacht, dass die Armut und der Hunger dieser armen kleinen Kinder eine lautere Stimme für die meisten Herzen hat als ihre Laster und ihre Unwissenheit; und Gott wusste, dass wir nicht bereit und fähig wären, das Schreien der Sünde des Kindes zu hören, darum verband Er den Hunger mit diesem Schreien, damit er uns durchs Herz gehen möge. Die Leute könnten in Sünde leben und doch glücklich sein, wenn sie wohlhabend und reich wären; und wenn die Sünde nicht die Eltern arm und unglücklich machte und ihre Kinder elend, so würden wir sie nicht sehen und uns nicht aufmachen, mit ihr zu kämpfen. Es ist gut, wie ihr wisst, in manchen Krankheiten, wenn das Übel nach außen auf die Haut tritt. Es ist schrecklich, es da zu sehen, aber es ist doch besser, als wenn es im Menschen verborgen ist; und oft ist die äußerliche Sünde und das äußere Elend eine Art des Herauskommens der Krankheit, so dass das Auge derer, die wissen, wo die heilende Arznei zu haben ist, auf die Krankheit gelenkt wird, damit so das geheime Übel der Seele bekämpft wird.

Onesimus hätte zu Hause bleiben und nie ein Dieb werden können, aber er wäre vielleicht durch Selbstgerechtigkeit verloren gegangen. Jetzt aber ist seine Sünde sichtbar. Der Taugenichts hat die Verdorbenheit seines Herzens enthüllt, und nun kommt er unter das Auge des Paulus und unter sein Gebet und wird bekehrt. Verzweifelt niemals, ich bitte euch, an einem Mann, einer Frau oder einem Kind, weil ihr ihre Sünde auf der Oberfläche ihres Charakters seht. Im Gegenteil, sagt euch: "Sie ist da, wo ich sie sehe, damit ich dafür beten kann. Sie ist hervorgetreten, damit ich mich bemühen möge, diese arme Seele zu Jesus Christus, dem mächtigen Heiland, zu bringen, der den verlorenen Sünder retten kann." Seht sie in dem Licht ernster, tätiger Menschenliebe an, und macht euch auf, sie zu überwinden. Unsere Pflicht ist es, mit Hoffen und Beten anzuhalten. Es mag vielleicht sein, dass "er darum eine Zeit von dir gekommen ist, dass du ihn ewig wieder hättest". Vielleicht ist der Sohn so störrig gewesen, damit seine Sünde zu einer Krise kommen und ihm ein neues Herz gegeben werden möge. Vielleicht hat sich das Übel deiner Tochter so entwickelt, dass nun der Herr ihre Sünde ihr zum Bewusstsein bringen und sie zu des Heilands Füßen führen kann. Auf jeden Fall, wenn die Sache auch noch so schlimm steht, hofft auf Gott und haltet an im Gebet.

Noch eins. Unser Text kann als *ein Beispiel eines Verhältnisses betrachtet werden, das vollkommener wird.* "Vielmehr aber ist er darum eine Zeit lang von dir gekommen, dass du ihn ewig wieder hättest; nun nicht mehr als einen Knecht, sondern einen lieben Bruder, sonderlich mir; wie viel mehr aber dir?" Ihr wisst, wir brauchen lange Zeit, um große Wahrheiten zu lernen. Vielleicht hatte Philemon noch nicht recht eingesehen, dass es unrecht von ihm ist, einen Sklaven zu haben. Einige Menschen, die sehr gut waren, wussten es zu ihrer Zeit nicht. John Newton[22] wusste nicht, dass er Unrecht tat mit dem Sklavenhandel, und George Whitefield, als er Sklaven in dem Waisenhaus zu Savanna ließ, das ihm vermacht war, dachte keinen Augenblick daran, dass er etwas anderes damit täte, als wenn es sich um Pferde, Gold und Silber gehandelt hätte. Die öffentliche Meinung war nicht erleuchtet, obgleich das Evangelium immer die Wurzel der Sklaverei getroffen hat. Das Wesen des Evangeliums ist, dass wir anderen tun sollen, wie wir wollen, dass andere uns tun, und niemand würde wünschen, eines anderen Sklave zu sein, und deshalb

---

[22] John Newton (1725-1807) war Sklavenhändler, bevor er Christ wurde. Und selbst nach seiner Bekehrung lies er nicht sofort davon ab. Newton hat viele bekannte Lieder gedichtet.

hat er kein Recht, einen anderen als Sklaven zu haben. Vielleicht hat dieser Brief des Paulus dem Philemon ein wenig die Augen geöffnet über seine eigene Stellung, als Onesimus fortlief und wieder kam. Ohne Zweifel wird er ein vortrefflicher Herr gewesen sein und seinem Sklaven Vertrauen geschenkt und ihn gar nicht als Sklaven behandelt haben, aber vielleicht hatte er ihn nicht als einen Bruder betrachtet; und als nun Onesimus zurückgekehrt ist, da wird er ein besserer Diener sein, aber Philemon wird auch ein besserer Herr sein und nicht länger ein Sklavenhalter. Er wird seinen früheren Diener als einen Bruder in Christus ansehen.

Nun, dies ist es, was die Gnade Gottes tut, wenn sie in eine Familie kommt. Sie ändert die Verhältnisse nicht, sie gibt dem Kind nicht das Recht, trotzig zu sein und zu vergessen, dass es seinen Eltern gehorchen muss, sie gibt dem Vater nicht das Recht, über seine Kinder ohne Weisheit und Liebe zu regieren, denn sie sagt ihm, dass er seine Kinder nicht zum Zorn reizen soll, damit sie nicht erbittert werden; sie gibt dem Knecht nicht das Recht, Herr zu sein, und nimmt auch dem Herrn nicht seine Stellung oder erlaubt ihm, seine Autorität zu missbrauchen, sondern rundumher macht sie alles milder und sanfter. Rowland Hill[23] pflegte zu sagen, er gäbe keinen Pfennig um die Frömmigkeit eines Mannes, wenn sein Hund und seine Katze es nicht besser hätten, seit er bekehrt wäre. Dies ist eine wichtige Bemerkung. Alles im Haus geht besser, wenn die Gnade die Räder ölt. Die Herrin ist vielleicht etwas scharf, rasch und streng; nun, es kommt etwas Zucker in ihre Natur hinein, wenn sie die Gnade Gottes empfängt. Die Magd mag zur Faulheit geneigt sein, spät aufstehen am Morgen, ihre Arbeit nachlässig tun und das Geschwätz an der Tür lieben; aber wenn sie wahrhaft bekehrt ist, so hat all dies ein Ende. Sie ist gewissenhaft und erfüllt ihre Pflicht, wie sie es soll. Der Herr vielleicht - nun, er ist der Herr, und ihr wisst das. Aber wenn er ein wahrhaft christlicher Mann ist, so ist er sanft, freundlich und rücksichtsvoll. Der Mann ist das Haupt der Frau, aber wenn er durch

---

[23] Rowland Hill (1744-1833) war Teil der Erweckungsbewegung innerhalb der anglikanischen Kirche und pflegte engen Kontakt zu Whitefield. Ab 1783 war Surrey Chapel, London, Ort seines segensreichen Wirkens.

die Gnade erneuert ist, so ist er nicht das Haupt der Frau, wie einige Männer es sind. Die Frau bleibt auch an ihrem Platz und sucht mit aller Sanftmut und Weisheit das Haus so glücklich zu machen, wie sie kann. Ich glaube nicht an deine Religion, lieber Freund, wenn sie dem Tabernakel angehört und der Betstunde und nicht dem Haus.

Die beste Religion in der Welt ist die, die am Tisch lächelt, an der Nähmaschine arbeitet und im Salon liebenswürdig ist. Gebt mir die Religion, die die Stiefel putzt und dies gut macht; die Speise kocht und sie so kocht, dass man sie essen kann; die eine Elle Baumwolle abmisst und sie nicht einen halben Zoll zu kurz macht; die hundert Ellen von einem Stoff verkauft und nicht hundertneunzig berechnet, wie das manche Kaufleute tun. Das ist wahres Christentum, das das ganze Leben durchdringt.

Wenn wir wirklich Christen sind, so werden wir in all unseren Verhältnissen zu unseren Mitmenschen anders sein, und darum werden wir diejenigen, die wir als unter uns stehend betrachten, mit ganz anderen Augen ansehen. Es ist unrecht von christlichen Leuten, wenn sie kleine Fehler bei Mägden so scharf beurteilen, besonders wenn diese christliche Mägde sind. Das ist nicht die Art, um sie zu bessern. Sie sehen eine Kleinigkeit, die verkehrt ist, und sie schelten die armen Mädchen, als wenn sie jemand ermordet hätten. Wenn euer und mein Herr euch in dieser Weise behandeln wollte, so sollte mich wundern, wie es euch erginge. Wie rasch sind einige bei der Hand, ihre Mädchen wegen kleiner Versehen zu entlassen. Keine Entschuldigung, kein erneuter Versuch; sie müssen gehen. Mancher junge Mann ist aus dem Dienst gejagt worden wegen einer Kleinigkeit von einem christlichen Brotherrn, der gewusst hat, dass er ihn dadurch allen Arten von Gefahr aussetzte; und manches Mädchen ist aus dem Haus gejagt worden wie ein Hund, ohne einen Gedanken daran, ob sie eine andere Stelle finden könnte und ohne etwas zu tun, damit sie nicht auf Irrwege geriete. Lasst uns an andere denken, besonders an diejenigen, die Christus liebt, wie Er uns liebt.

Philemon hätte sagen können: "Nein, nein, ich nehme dich nicht wieder an, Junker Onesimus, sicherlich nicht, einmal gebissen, zweimal scheu, mein Herr. Ich reite nie ein Pferd mit gebrochenen Knien. Du stahlst mein Geld, ich will dich nicht wieder haben." Ich habe diese Art Reden gehört, ihr nicht? Habt ihr nie ebenso gefühlt? Wenn ihr es habt, so geht nach Hause, und bittet Gott, euch von solchem Gefühl zu befreien, es ist ein schlechtes Ding in der Seele. Ihr könnt es nicht mit zum Himmel nehmen. Wenn Jesus euch so völlig vergeben hat, sollt ihr euren Knecht bei der Gurgel fassen und sagen: "Bezahl mir, was du mir schuldig bist!?" Gott verhüte, dass wir in solcher Gemütsart verharren. Seid mitleidig, lasst euch leicht erbitten und seid bereit zum Vergeben. Es ist viel besser, Unrecht zu leiden, als Unrecht zu tun; viel besser, einen Fehler zu übersehen, den man hätte beachten können, als einen Fehler zu beachten, den man hätte übersehen können.

> *"Gott, lass mich fromm und freundlich sein*
> *Und alle Menschen lieben",*

heißt es in dem kleinen Lied, das wir als Kinder zu lernen pflegten. Wir sollten es jetzt üben und

> *"Leben wie das Jesuskind,*
> *Das sanfte, stille, reine."*

Gott gebe nach seiner unendlichen Gnade, dass wir es tun.

Ich will noch eins sagen, dann bin ich fertig. Wenn sich die geheimnisvolle Fügung darin zeigte, dass Onesimus nach Rom gebracht wurde, so möchte ich wissen, ob es nicht eine solche Fügung ist, dass einige von euch heute hier sind! Es ist möglich. So etwas geschieht. Leute kommen hierher, die niemals beabsichtigen, zu kommen. Es wäre das Letzte gewesen, was sie geglaubt hätten, wenn ihnen jemand gesagt hätte, dass sie hier sein würden, doch hier sind sie. Sie haben sich auf alle Art gedreht und gewunden, und dennoch sind sie auf irgendeine Weise hierher geraten. Kamst du zu spät zum Zug und tratest hier herein, um zu warten? Segelte dein Schiff nicht so früh ab, wie du erwartetest, und bist deshalb heute hier? Sag, ist es das? Ich bitte dich, erwäge diese Frage in deinem

Herzen: "Beabsichtigt Gott nicht, mich zu segnen? Hat Er mich nicht hierher geführt, damit ich diesen Abend mein Herz Jesus übergeben möchte, wie Onesimus es tat?" Mein lieber Freund, wenn du an den Herrn Jesus Christus glaubst, so sollst du augenblicklich Vergebung für alle deine Sünde haben und selig werden. Der Herr hat dich in seiner unendlichen Weisheit hierher gebracht, um das zu hören, und ich hoffe, Er hat dich auch hergebracht, um es anzunehmen und deines Weges zu gehen als ein anderer Mensch.

Vor ungefähr drei Jahren sprach ich mit einem alten Prediger, der anfing, in seiner Westentasche herumzufühlen, aber es dauerte lange, bis er fand, was er suchte. Endlich zog er einen Brief hervor, der beinahe schon ganz zerrissen war, und sagte: "Gott, der Allmächtige, segne Sie! Gott, der Allmächtige, segne Sie." Ich fragte: "Freund, was ist das?" Er erwiderte: "Ich hatte einen Sohn. Ich hoffte, er würde die Stütze meines Alters sein, aber er führte einen schlechten Wandel und verließ mich, und ich wusste nicht, wohin er ging, außer, dass er mir gesagt hatte, er ginge nach Amerika. Er nahm ein Billet, um von den Londoner Docks nach Amerika zu fahren, aber das Schiff fuhr nicht an dem Tag ab, an dem er dachte." Der alte Prediger bat mich, den Brief zu lesen, der ungefähr so lautete: "Vater, ich bin hier in Amerika. Ich habe eine Stelle gefunden und Gott hat es mir gelingen lassen. Ich schreibe, um dich um Vergebung zu bitten für das tausendfache Unrecht, was ich dir antat, und den Kummer, den ich dir machte, denn Gott sei gepriesen, ich habe den Heiland gefunden. Ich bin Mitglied der Gemeinde Gottes hier geworden, und hoffe, mein Leben im Dienst Gottes zuzubringen. Es kam so: Ich segelte nicht an dem Tag nach Amerika, an dem ich es meinte. Ich ging zu dem Tabernakel, um mal zu sehen, wie es eigentlich wäre, und Gott begegnete mir da. Spurgeon sagte: «Vielleicht ist ein weggelaufener Sohn hier. Der Herr berufe ihn durch seine Gnade.» Und Er tat es." "Nun", sagte der Alte, als er seinen Brief zusammenfaltete und in seine Tasche steckte, "dieser mein Sohn ist tot und im Himmel, und ich liebe Sie und werde Sie lieben, so lange ich lebe, weil Sie das Werkzeug waren, ihn zu Christus zu bringen." Ist heute hier ein Ähnlicher? Ich bin überzeugt, es ist so - jemand derselben Art; im Namen Gottes beschwöre ich ihn, die Warnung anzunehmen, die ich ihm von dieser Kanzel gebe. Wagst du es, von diesem Ort wegzugehen, wie du gekommen bist? O, junger Mann, der Herr gibt dir in seiner Gnade noch einmal Gelegenheit, von dem Irrtum deines Weges umzukehren, und ich bitte dich, jetzt hier - wie du jetzt bist -, hebe dein Auge zum Himmel auf und sprich: "Gott, sei mir Sünder gnädig", und Er wird es sein. Dann gehe heim zu deinem Vater und erzähle ihm, was die Gnade Gottes für dich getan hat, und bewundere die Liebe, die dich hierher brachte, um dich zu Christus zu bringen. Lieber Freund, wenn auch nichts Geheimnisvolles dabei ist, nun, so sind wir doch hier. Wir sind, wo das Evangelium gepredigt wird, und das legt uns Verantwortung auf. Wenn ein Mensch verloren geht, so ist es besser für ihn, verloren zu gehen, ohne das Evangelium zu hören, als verloren zu gehen, wie einige von euch es werden, unter dem Ton einer klaren, ernsten Verkündigung des Evangeliums von Jesus Christus. Wie lange hinkt ihr zwischen zwei Meinungen? "So lange bin ich bei euch", spricht Christus, "und doch kennst du mich nicht?" All dieses Lehren und Predigen und Einladen, und doch bekehrst du dich nicht? "Bekehre Du den Sünder, Herr, Und offenbare ihm sein Verderben."

Lass ihn nicht länger zaudern, damit er nicht zaudere, bis er zu spät seine verhängnisvolle Wahl bereut. Gott segne euch, um Christi willen. Amen.

DIE ANNAHME - DER GEIST UND DER SCHREI[24]

"Weil ihr denn Kinder seid, hat Gott gesandt den Geist seines Sohnes in eure Herzen, der schreit: Abba, lieber Vater." [25]

Galater 4,6

ie Lehre von der Dreieinigkeit in der Einheit finden wir in der Schrift nicht in so ausdrücklichen Worten, wie im Athanasianischen Glaubensbekenntnis[26]; aber diese Wahrheit wird beständig als ausgemacht angenommen, als wenn sie eine in der Gemeinde Gottes sehr bekannte Tatsache wäre. Wenn auch nicht sehr oft in bestimmten Worten ausgesprochen, wird sie doch überall vorausgesetzt und gelegentlich in Verbindung mit anderen Wahrheiten auf eine Weise erwähnt, die sie ebenso deutlich macht, als wenn sie durch eine bestimmte Formel ausgedrückt wäre. In vielen Stellen wird sie uns so klar vor Augen gestellt, dass wir vorsätzlich blind sein müssen, wenn wir sie nicht wahrnehmen würden. In dem vorliegenden Kapitel zum Beispiel haben wir eine bestimmte Erwähnung jeder der drei göttlichen Personen. "Gott", das ist der Vater, "hat den Geist gesandt", das ist der Heilige Geist, und Er wird hier "der Geist seines Sohnes" genannt. Auch haben wir nicht bloß die Namen, sondern jede der heiligen Personen wird als tätig bei dem Werk unseres Heils bezeichnet; seht im vierten Vers: "Gott sandte seinen Sohn"; dann beachtet den fünften, der davon spricht, dass der Sohn die, so unter dem Gesetz waren, erlöste; und dann offenbart unser Text den Geist

---

[24] Gehalten am Sonntagmorgen, den 22. September 1878, im Metropolitan Tabernakel, Newington.

[25] Die King James-Übersetzung, die Spurgeon zugrunde legt, übersetzt: "Weil ihr denn Söhne seid, hat Gott gesandt den Geist seines Sohnes in eure Herzen, der schreit: Abba, Vater."

[26] Das sogenannte Athanasianum (um 500 n. Chr.).

als den, der in die Herzen kommt und schreit: "Abba, lieber Vater". Nun, da wir nicht nur die Nennung der verschiedenen Namen haben, sondern auch gewisse besondere Wirkungen, die jedem zugeschrieben werden, so ist es klar, dass wir hier die bestimmte Persönlichkeit eines jeden haben. Weder der Vater noch der Sohn noch der Heilige Geist kann nur ein Einfluss sein oder eine bloße Form des Daseins, denn jeder handelt in einer göttlichen Weise, hat aber eine besondere Sphäre und eine andere Art der Wirksamkeit. Der Irrtum, eine der göttlichen Personen als einen bloßen Einfluss oder als Emanation[27] zu betrachten, findet hauptsächlich in Bezug auf den Heiligen Geist statt; aber die Unrichtigkeit dieser Meinung sieht man in den Worten "der schreit: Abba, lieber Vater" - ein Einfluss könnte nicht schreien, eine Person ist erforderlich, um dies zu tun. Obwohl wir die wunderbare Wahrheit der ungeteilten Einheit und der unterschiedenen Personen in der dreieinigen Gottheit nicht verstehen können, sehen wir sie dennoch in der Heiligen Schrift geoffenbart und nehmen sie deshalb als eine Sache des Glaubens an.

Die Göttlichkeit jeder dieser heiligen Personen geht auch aus dem Text und seinem Zusammenhang hervor. Wir bezweifeln nicht die Gottheit des Vaters, denn Er wird hier bestimmt "Gott" genannt; zweimal ist der Vater augenscheinlich gemeint, wo das Wort "Gott" gebraucht wird. Dass der Sohn Gott ist, wird vorausgesetzt, denn obgleich, seiner menschlichen Natur nach von einer Frau geboren, wird Er als "gesandt" beschrieben, und deshalb war Er bereits vorhanden, ehe Er gesandt und von einer Frau geboren wurde; dies in Verbindung damit, dass Er der Sohn Gottes genannt und dass von seiner Fähigkeit zu erlösen gesprochen wird, sind für uns genügende Beweise seiner Göttlichkeit. Von dem Geist wird gesagt, dass Er tue, was nur Gott tun kann, nämlich, in den Herzen aller Gläubigen wohnen. In den Herzen einer Menge von Menschen zu schreien, ist keinem Wesen möglich, das nicht allgegenwärtig und deshalb göttlich ist. So dass wir in dem Umfang weniger Zeilen den Namen jeder göttlichen

---

[27] Das Hervorgehen aller Dinge aus dem unveränderlichen, vollkommenen, göttlichen Einen.

Person, die Wirksamkeit einer jeden, die Persönlichkeit einer jeden, und gewissermaßen die Gottheit einer jeden haben. Die, die an den Herrn Jesus Christus glauben, wissen, wie notwendig die Mitwirkung der ganzen Dreieinigkeit zu unserem Heil ist, und freuen sich, die liebevolle Vereinigung aller drei in dem Befreiungswerk zu sehen. Wir verehren den Vater, ohne den wir nicht erwählt oder als Kinder angenommen wären: den Vater, der uns wiedergeboren hat zu einer lebendigen Hoffnung durch die Auferstehung Jesu Christi von den Toten. Wir lieben und verehren den Sohn, durch dessen kostbares Blut wir erlöst worden und mit dem wir eins in einer geheimnisvollen und ewigen Verbindung sind; und wir lieben und beten an den Geist Gottes, denn Er ist es, durch den wir wiedergeboren, erleuchtet, lebendig gemacht, bewahrt und geheiligt sind; und Er ist es, durch den wir das Siegel und Zeugnis in unserem Herzen empfangen, durch das wir versichert werden, dass wir in Wahrheit Gottes Kinder sind. Wie Gott am Anfang sprach: "Lasset uns Menschen machen, ein Bild, das uns gleich sei", ebenso beratschlagen die göttlichen Personen und vereinen sich alle in der neuen Schöpfung des Gläubigen. Wir dürfen nicht unterlassen, jede der erhabenen Personen zu loben, anzubeten und zu lieben, aber wir müssen uns fleißig in tiefster Ehrfurcht beugen vor dem einen Gott, Vater, Sohn und Heiligem Geist. "Ehre sei dem Vater und dem Sohn und dem Heiligen Geist; wie es am Anfang war, jetzt ist und allezeit sein soll, in Ewigkeit. Amen."

Nachdem wir diese sehr wichtige Tatsache beachtet haben, lasst uns zum Text selbst kommen, hoffend, dass wir uns der Lehre von der Dreieinigkeit freuen werden, während wir von unserer Annahme zur Kindschaft reden, an welchem Gnadenwunder jede der drei Personen einen Anteil hat. Mögen wir durch die Unterweisung des Heiligen Geistes in liebliche Gemeinschaft mit dem Vater durch seinen Sohn Jesus Christus gezogen werden zu seiner Ehre und zu unserm Nutzen.

Dreierlei ist in meinem Text sehr klar dargestellt: Das erste ist die Würde der Gläubigen - "ihr seid Kinder"; das zweite ist die daraus folgende Innewohnung des Heiligen Geistes - "weil ihr denn Kinder seid, hat Gott gesandt den Geist seines Sohnes in eure

Herzen"; und das dritte ist der kindliche Schrei - "der schreit: Abba, lieber Vater".

Zuerst also *die Würde der Gläubigen.* Die Annahme gibt uns die Rechte der Kinder, die Wiedergeburt gibt uns die Natur der Kinder: wir haben an diesen beiden Anteil, denn wir sind Kinder. Und hier lasst uns bemerken, dass diese Kindschaft eine durch den Glauben empfangene Gnadengabe ist.

Wir sind von Natur nicht Kinder Gottes in dem hier gemeinten Sinn. Wir sind in einem Sinn "göttlichen Geschlechts" von Natur, aber das ist sehr verschieden von der hier beschriebenen Kindschaft, die das besondere Vorrecht der Wiedergeborenen ist. Die Juden erhoben den Anspruch, Gottes Kinder zu sein, aber da ihre Vorrechte ihnen durch die fleischliche Geburt zuteil wurden, so werden sie mit Ismael verglichen, der nach dem Fleisch geboren war, aber als Sohn der Magd ausgetrieben und gezwungen wurde, dem Sohn der Verheißung zu weichen. Wir haben eine Kindschaft, die uns nicht auf natürlichem Weg zuteil wird, denn wir sind "nicht von dem Geblüt noch von dem Willen eines Mannes, sondern von Gott geboren". Unsere Kindschaft kommt durch die Verheißung, durch die Wirkung Gottes als besondere Gabe eines eigentümlichen Samens, den sich der Herr durch seine eigne unumschränkte Gnade ausgesondert hat, wie Er es bei Isaak getan hat. Diese Ehre und dieses Vorrecht werden uns nach dem Zusammenhang des Textes durch den Glauben zuteil. Beachtet wohl den 26. Vers des vorhergehenden Kapitels (Gal 3,26): "Denn ihr seid alle Gottes Kinder, durch den Glauben an Christus Jesus." Als Ungläubige wissen wir nichts von der Kindschaft. So lange wir als selbstgerecht unter dem Gesetz sind, wissen wir wohl etwas von Knechtschaft, aber nicht von Kindschaft. Erst nachdem wir zum Glauben gekommen sind, hören wir auf, unter dem Zuchtmeister zu sein und erheben uns aus unserer Unmündigkeit zu den Vorrechten der Kinder Gottes.

Der Glaube wirkt in uns den Geist der Kindschaft und das Bewusstsein, dass wir Gottes Kinder sind, zuerst dadurch, dass er uns die Rechtfertigung bringt. Vers 24 des vorigen Kapitels lautet: "Also ist das Gesetz unser Zuchtmeister gewesen auf Christus, dass wir durch den Glauben gerecht würden." Ein ungerechtfertigter Mensch steht als ein Verbrecher da, nicht als Kind; seine Sünde wird ihm zur Last gelegt, er wird als ungerecht betrachtet, wie er es in der Tat ist, und er ist deshalb ein Empörer gegen seinen König, nicht ein Kind, das seines Vaters Liebe genießt. Aber wenn der Glaube die reinigende Kraft des Versöhnungsblutes erkennt und die Gerechtigkeit Gottes in Christus Jesus ergreift, dann wird der Gerechtfertigte ein Kind Gottes. Rechtfertigung und Annahme gehen stets zusammen. "Welche Er aber berufen hat, die hat Er auch gerecht gemacht", und der Beruf ist ein Ruf zu des Vaters Haus und zur Anerkennung der Kindschaft. Glauben bringt Vergebung und Rechtfertigung durch unseren Herrn Jesus; er wirkt auch die Annahme, denn es steht geschrieben: "Wie viele Ihn aber aufnahmen, denen gab Er Macht, Gottes Kinder zu werden, die an seinen Namen glauben."

Der Glaube bringt uns ferner zu einem Bewusstsein unserer Annahme, indem er uns frei von der Knechtschaft des Gesetzes macht. "Nun aber der Glaube gekommen ist, sind wir nicht mehr unter dem Zuchtmeister." Als wir unter dem Sündenbewusstsein seufzten und darin wie in einem Kerker eingeschlossen waren, fürchteten wir, dass das Gesetz uns für unsere Missetaten strafen werde, und unser Leben wurde durch Furcht verbittert. Deshalb strebten wir in unserer blinden, selbstgefälligen Art, das Gesetz zu halten, und das brachte uns in eine zweite Knechtschaft, die immer härter wurde, als Misslingen auf Misslingen folgte; wir sündigten und strauchelten immer mehr zu unserer Seele Verwirrung. Aber nun, da der Glaube gekommen ist, sehen wir das Gesetz in Christus erfüllt und uns selber in Ihm gerechtfertigt und angenommen: das verwandelt den Sklaven in ein Kind und die Pflicht in Wahl. Nun haben wir Freude am Gesetz, und durch die Macht des Gesetzes wandeln wir in Heiligkeit zur Ehre Gottes. So ist es, dass wir durch den Glauben an Jesus Mose, dem Zuchtmeister, entrinnen und zu Jesus, dem Heiland, kommen; wir hören auf, Gott als einen zornigen Richter zu betrachten, und sehen Ihn als unseren liebevollen Vater an. Das Regiment von Verdienst und Gebot, Strafe und Furcht ist der Herrschaft der Gnade, Dankbarkeit und Liebe gewichen, und dieses neue Regierungsprinzip ist eins der großen Vorrechte der Kinder Gottes.

Nun, der Glaube ist das Merkmal der Annahme in allen, die ihn haben, wer sie auch sein mögen, denn "ihr alle seid Gottes Kinder durch den Glauben an Christus Jesus" (Gal 3,26). Wenn du an Jesus glaubst, ob Jude oder Heide, Sklave oder Freier, so bist du ein Kind Gottes. Wenn du erst seit kurzem an Christus geglaubt hast und nur seit den letzten paar Wochen imstande gewesen bist, dich auf seine große Errettung zu verlassen, so bist du doch jetzt ein Kind Gottes. Das ist kein späteres, der vollen Sicherheit oder dem Wachstum in der Gnade gewährtes Vorrecht; es ist ein früher Segen, und gehört bereits dem, der das kleinste Maß von Glauben hat und erst ein Kind in der Gnade ist. Wenn ein Mensch an Jesus Christus glaubt, so ist sein Name in dem großen Register eingetragen, denn "ihr seid alle Gottes Kinder durch den Glauben an Christus Jesus". Aber wenn du keinen Glauben hast, einerlei, was für Eifer, was für Werke, was für Kenntnisse, was für Ansprüche auf Heiligkeit du besitzen magst, so bist du nichts und deine Religion ist eitel. Ohne Glauben an Christus bist du wie ein tönendes Erz und eine klingende Schelle, denn "ohne Glauben ist es unmöglich, Gott zu gefallen". Der Glaube ist also, wo immer er gefunden wird, das unfehlbare Zeichen eines Kindes Gottes, und wo er fehlt, da ist der Anspruch darauf nichtig.

Dies wird nach dem Apostel ferner durch unsere Taufe dargestellt, denn wenn in der Seele Glauben ist, so ist die Taufe ein offenes Anziehen des Herrn Jesus Christus. Lest den 27. Vers: "Denn wie viele euer getauft sind, die haben Christus angezogen." In der Taufe bekanntest du, für die Welt tot zu sein, und wurdest deshalb in den Namen Jesus begraben; und die Bedeutung dieses Begräbnisses, wenn es die rechte Bedeutung für dich hatte, war die: du bekanntest, dass du hinfort tot für alles andere außer Christus wärst, und dass fortan dein Leben in Ihm sein sollte, und du selber wie einer, der von den Toten zu einem neuen Leben auferstanden wäre. Natürlich nützt die äußere Form dem Ungläubigen nichts, aber für den, der in

Christus ist, ist die Handlung sehr lehrreich. Der Geist und das Wesen derselben liegen darin, dass die Seele in das Sinnbild eingeht, dass der Mensch nicht allein die Taufe im Wasser, sondern die Taufe im Heiligen Geist und im Feuer kennt: und so viele euer diese innere, geheimnisvolle Taufe in Christus kennen, die wissen auch, dass sie hinfort Christus angezogen haben und mit Ihm bedeckt sind, wie ein Mensch mit seinem Kleide. Fortan seid ihr eins mit Christus, ihr tragt seinen Namen, ihr lebt in Ihm, ihr seid errettet in Ihm, ihr seid ganz und gar sein. Nun, wenn ihr eins mit Christus seid, so seid ihr, da Er ein Sohn ist, auch Söhne. Wenn ihr Christus angezogen habt, so sieht Gott euch nicht in euch selber, sondern in Christus, und das, was Christus gehört, das gehört auch euch, denn wenn ihr Christus seid, so seid ihr Abrahams Samen und Erben nach der Verheißung. Wie der römische Jüngling, wenn Er mündig wurde, die Toga[28] anlegte und Bürgerrecht erhielt, so ist das Anziehen Christi das Zeichen unserer Aufnahme in die Kindschaft Gottes. Damit sind wir tatsächlich zum Genuss unseres herrlichen Erbteils zugelassen. Jede Segnung des Gnadenbundes gehört denen, die Christus sind, und jeder Gläubige steht in dieser Liste. So werden wir also nach dieser Schriftstelle angenommen durch den Glauben als die Gabe der Gnade.

Ferner, die Annahme wird uns durch die Erlösung zuteil. Lest die unserem Text vorhergehende Stelle: "Da aber die Zeit erfüllt wurde, sandte Gott seinen Sohn, geboren von einer Frau und unter das Gesetz getan, auf dass Er die, so unter dem Gesetz waren, erlöste, auf dass wir die Kindschaft empfingen." Geliebte, schätzt die Erlösung hoch und achtet niemals auf eine Lehre, die ihre Bedeutung zerstören oder ihre Wichtigkeit geringer machen will. Denkt daran, dass ihr nicht mit Gold und Silber erlöst seid, sondern mit dem teuren Blut Christi als eines unbefleckten Lammes. Ihr wart unter dem Gesetz und unter seinem Fluch, denn ihr hattet es schwer gebrochen und wart seiner Strafe verfallen, denn es steht geschrieben: "Welche Seele sündigt, die soll sterben"; und: "Verflucht sei jedermann, der

---

[28] Ein im alten Rom von den vornehmen Bürgern getragenes Obergewand.

nicht bleibt in allem dem, das geschrieben steht in dem Buch des Gesetzes, dass Er es tue." Ihr wart auch unter dem Schrecken des Gesetzes, denn ihr fürchtetet seinen Zorn; und ihr wart unter seiner anreizenden Gewalt, denn oft, wenn das Gebot kam, "wurde die Sünde wieder lebendig, ihr aber starbt". Aber jetzt seid ihr von alledem erlöst; wie der Heilige Geist spricht: "Christus aber hat uns erlöst von dem Fluch des Gesetzes, da Er ein Fluch wurde für uns, denn es steht geschrieben: Verflucht ist jedermann, der am Holz hängt." Nun seid ihr nicht unter dem Gesetz, sondern unter der Gnade, und zwar, weil Christus unter das Gesetz kam und es sowohl durch seinen tätigen als durch seinen leidenden Gehorsam hielt, alle seine Gebote erfüllte und alle seine Strafen trug für euch, an eurer Stelle und Statt. Fortan seid ihr die Erlösten des Herrn und genießt eine Freiheit, die auf keinem anderen Weg kommt als durch das ewige Lösegeld. Denkt daran; und wenn ihr sicher seid, dass ihr Kinder Gottes seid, so preist das erlösende Blut; wenn euer Herz am höchsten schlägt vor Liebe zu dem großen Vater, dann lobt den "Erstgeborenen unter vielen Brüdern", der um euretwillen unter das Gesetz kam, beschnitten wurde, das Gesetz in seinem Leben hielt und demselben sein Haupt im Tod beugte, es ehrte und verherrlichte und die Gerechtigkeit Gottes durch sein Leben sichtbarer machte, als sie es durch die Heiligkeit der ganzen Menschheit geworden wäre, und durch seinen Tod ihr völliger genugtat, als wenn die ganze Welt der Sünder in die Hölle geworfen wäre. Ehre sei unserem erlösenden Herrn, durch den wir der Annahme teilhaftig wurden.

Auch lernen wir aus dem Text, dass wir jetzt das Vorrecht der Kindschaft genießen. Nach dem Zusammenhang der Stelle meint der Apostel nicht nur, dass wir Kinder seien, sondern erwachsene Söhne. "Weil ihr denn Söhne seid", bedeutet weil die vom Vater bestimmte Zeit gekommen ist und ihr mündig seid, und nicht mehr unter Vormündern und Pflegern steht. In unserer Unmündigkeit waren wir unter dem Schulmeister, unter dem Regiment von Zeremonien, unter Vorbildern, Figuren, Schatten, und lernten unser ABC, indem wir von der Sünde überzeugt wurden; aber weil nun der Glaube gekommen ist, sind wir nicht mehr unter dem Schulmeister, sondern in einen freieren Zustand versetzt. Bis der Glaube kommt, sind wir unter

Pflegern und Vormündern, wie bloße Knaben, aber nach dem Glauben nehmen wir unsere Rechte als Söhne Gottes in Besitz. Die alte jüdische Gemeinde war unter dem Joch des Gesetzes; ihre Opfer waren anhaltende und ihre Zeremonien endlos. Neumonde und Feste mussten gehalten, Jubeljahre mussten beobachtet und Pilgerreisen gemacht werden: in der Tat, das Joch war zu schwer zum Tragen für das schwache Fleisch. Das Gesetz folgte dem Israeliten in jeden Winkel und handelte mit ihm in jedem besonderen Fall: es hatte zu tun mit seinen Kleidern, seinem Essen, seinem Trinken, seinem Bett, seinem Gerät und allem um ihn: es behandelte ihn wie einen Schulknaben, der für alles eine Regel hat. Nun, da der Glaube gekommen ist, sind wir erwachsene Söhne und deshalb frei von den Regeln, welche die Schule des Kindes beherrschen. Wir sind unter dem Gesetz Christi, eben wie der erwachsene Sohn noch unter der Zucht des Vaterhauses ist; aber dies ist ein Gesetz der Liebe und nicht der Furcht, der Gnade und nicht der Knechtschaft. "So besteht nun in der Freiheit, für die uns Christus befreit hat, und lasst euch nicht wiederum in das knechtische Joch fangen." Wendet euch nicht wieder zu den schwachen und dürftigen Satzungen einer bloß äußerlichen Religion, sondern haltet fest an der Anbetung Gottes im Geist und in der Wahrheit, denn das ist die Freiheit der Kinder Gottes.

Nun, durch den Glauben sind wir nicht mehr den Sklaven gleich. Der Apostel sagt: "So lange der Erbe ein Kind ist, so ist zwischen ihm und einem Knecht (Sklaven) kein Unterschied, ob er wohl ein Herr ist aller Güter; sondern er ist unter den Vormündern und Pflegern bis auf die bestimmte Zeit vom Vater." Aber, Geliebte, jetzt seid ihr die Söhne Gottes und habt eure Mündigkeit erlangt; nun dürft ihr die Ehren und Segnungen des Vaterhauses genießen. Freut euch, dass der freie Geist in euch wohnt und euch zur Heiligkeit antreibt; dies ist eine weit höhere Macht als das bloße äußere Gebot und die Peitsche der Drohung. Nun seid ihr nicht mehr in der Knechtschaft der äußeren Formen und Gebräuche und Zeremonien; sondern der Geist Gottes lehrt euch alle Dinge und führt euch ein in den inneren Sinn und das Wesen der Wahrheit.

Nun also, sagt der Apostel, sind wir Erben. "Also ist nun hier kein Knecht mehr, sondern Söhne. Sind es aber Söhne, so sind es auch Erben." Kein lebender Mensch hat je völlig begriffen, was dies bedeutet. Gläubige sind in diesem Augenblicke Erben, aber was ist das Erbe? Es ist Gott selbst! Wir sind Erben Gottes! Nicht nur der Verheißungen, der Bundesverpflichtungen und all der Segnungen, welche dem erwählten Samen gehören, sondern Erben Gottes selber. "Der Herr ist mein Teil, spricht meine Seele." "Dieser Gott ist unser Gott immer und ewiglich." Wir erben nicht nur von Gott alles, was Er seinem Erstgeborenen gibt, sondern wir sind Erben Gottes selber. David sprach: "Der Herr ist mein Gut und mein Erbteil." Wie Er zu Abraham sprach: "Fürchte dich nicht, Abram; ich bin dein Schild und dein sehr großer Lohn", so spricht Er zu jedem, der vom Geist geboren ist. Dies sind seine eigenen Worte: "Ich will ihr Gott sein, und sie sollen mein Volk sein." Warum denn, o Gläubiger, bist du arm? Alle Reichtümer sind dein. Warum denn bist du traurig? Der ewig-selige Gott ist dein. Warum zitterst du? Die Allmacht wartet darauf, dir zu helfen. Warum hast du Misstrauen? Seine Unveränderlichkeit wird bis ans Ende bei dir bleiben und die Verheißung festmachen. Alles ist dein, dein Christus ist dein, und Christus ist Gottes; und obgleich es einige Dinge gibt, die du jetzt noch nicht mit deiner Hand ergreifen oder mit deinem Auge sehen kannst, das heißt die Dinge, die für dich im Himmel aufbewahrt sind, so kannst du doch durch den Glauben auch dieser dich erfreuen, denn: "Er hat uns samt Ihm auferweckt und samt Ihm in das himmlische Wesen versetzt, in Christus Jesus." Wir haben schon jetzt das Pfand des Himmels in der Einwohnung des Heiligen Geistes. O, was für Vorrechte gehören denen, welche die Söhne Gottes sind!

Noch eins über diesen Punkt von der Würde des Gläubigen: wir fühlen schon eine der unausbleiblichen Folgen der Gotteskindschaft. Was sind diese? Eine derselben ist die Feindschaft der Kinder der Magd. Kaum hatte der Apostel Paulus die Freiheit der Heiligen gepredigt, als sofort gewisse Lehrer auftraten und sagten: "Das reicht nicht; ihr müsst euch beschneiden lassen, ihr müsst unters Gesetz kommen." Ihre Opposition war für Paulus ein Zeichen, dass er von der Freien war, denn siehe, die Kinder der Magd wählten ihn zur

Zielscheibe ihrer giftigsten Feindschaft. Du wirst finden, lieber Bruder, wenn du Gemeinschaft mit Gott genießt, wenn du im Geist der Kindschaft lebst, wenn du dem Höchsten nahe gebracht bist, so dass du ein Mitglied der göttlichen Familie wurdest, so werden sofort alle, die unter der Knechtschaft des Gesetzes leben, mit dir zanken. So sagt der Apostel: "Aber so, wie zu der Zeit, der nach dem Fleisch geboren war, verfolgte den, der nach dem Geist geboren war, so geht es jetzt auch." Sara fand, dass das Kind der Magd über Isaak, das Kind der Verheißung, spottete. Ismael hätte gern seine Feindschaft durch Schläge und persönliche Angriffe gezeigt, aber es war eine höhere Macht da, die ihn im Zaum hielt, so dass er nichts weiter tun konnte als zu "spotten". So ist es jetzt auch. Es hat Zeiten gegeben, wo die Feinde des Evangeliums sehr viel weiter gegangen sind als bis zum Spotten, denn sie haben die Liebhaber des Evangeliums gefangen nehmen und lebendig verbrennen können; aber jetzt, Gott sei Dank, sind wir unter seinem besonderen Schutz, was Leben, Gliedmaßen und Freiheit betrifft, und sind so sicher, wie Isaak in Abrahams Haus war. Sie können uns verspotten, aber sie können nicht weitergehen, sonst würden einige von uns öffentlich an den Galgen gehängt werden. Aber das Leiden grausamen Spottes müssen wir noch immer ertragen, unsere Worte werden verdreht, unsere Meinungen entstellt, und man bezichtigt uns aller möglichen schrecklichen Dinge, Dinge, von denen wir gar nichts wissen; auf all dieses möchten wir mit Paulus erwidern: "Bin ich deshalb euer Feind geworden, weil ich euch die Wahrheit sage?" Dies ist die alte Weise der Hagarener, das Kind nach dem Fleisch tut immer noch sein Bestes, den nach dem Geist Geborenen zu verspotten. Seid nicht erstaunt und seid nicht im Geringsten betrübt, wenn dies einem von euch begegnet, sondern lasst es euch zur Befestigung eures Vertrauens und zur Bestätigung eures Glaubens an Christus dienen, denn Er hat euch gesagt: "Wärt ihr von der Welt, so hätte die Welt das Ihre lieb; weil ihr aber nicht von der Welt seid, sondern ich euch von der Welt erwählt habe, darum hasst euch die Welt."

Unser zweiter Teil ist *die daraus folgende Einwohnung des Heiligen Geistes in den Gläubigen* - "hat Gott gesandt den Geist des Sohnes in eure Herzen". Hier ist ein göttliches Tun des Vaters. Der Heilige Geist geht vom Vater und vom Sohn aus, und Gott hat Ihn in unsere Herzen gesandt. Hätte Er nur an eure Herzen angeklopft und um Erlaubnis gebeten, einzutreten, so wäre Er nie hereingekommen, aber da Jehova Ihn sandte, so bahnte Er sich seinen Weg, ohne euren Willen zu vergewaltigen, aber dennoch mit unwiderstehlicher Kraft. Wohin Jehova Ihn sendet, da wird Er bleiben und niemals wieder weggehen. Geliebte, ich habe keine Zeit, bei den Worten zu verweilen, aber ich möchte, dass ihr sie in euren Gedanken bewegt, denn sie enthalten eine große Tiefe. So gewiss wie Gott seinen Sohn in die Welt sandte, unter den Menschen zu wohnen, so dass seine Heiligen seine Herrlichkeit sahen, "eine Herrlichkeit als des eingeborenen Sohnes vom Vater, voller Gnade und Wahrheit", so gewiss hat Gott seinen Geist gesandt, um in die Herzen der Menschen einzugehen und dort Wohnung zu nehmen, damit auch in Ihm die Herrlichkeit Gottes geoffenbart würde. Lobt Gott und betet Ihn an, der euch einen solchen Besucher gesandt hat.

Nun beachtet den Namen, unter dem der Heilige Geist zu uns kommt: er kommt als der Geist Jesu. Die Worte sind: "den Geist seines Sohnes", worunter nicht die Gesinnung und Gemütsart Christi zu verstehen ist - obwohl das durchaus wahr wäre, denn Gott gewährt auch diese seinem Volk -, sondern der Heilige Geist. Warum wird Er denn der Geist seines Sohnes oder der Geist Jesu genannt? Dürfen wir nicht folgende Gründe dafür geben?

Es war der Heilige Geist, durch den die menschliche Natur Christus von der Jungfrau geboren wurde. Der Geist war es, der von unserem Herrn bei seiner Taufe zeugte, als Er herabfuhr wie eine Taube und auf Ihm blieb. In Ihm wohnte der Heilige Geist ohne Maß, salbte Ihn zu seinem großen Werk, und durch den Geist wurde Er "gesalbt mit Freudenöl, mehr denn seine Gesellen". Der Geist war auch mit Ihm und bekräftigte seine Tätigkeit durch Zeichen und

Wunder. Der Heilige Geist ist unseres Herrn große Gabe an seine Gemeinde, es war nach seiner Himmelfahrt, als Er die Pfingstgaben verlieh und der Heilige Geist auf die Jüngerschar herabkam, um auf immer bei dem Volk Gottes zu weilen. Der Heilige Geist ist der Geist Christi, weil Er auch Christi Zeuge hienieden ist; denn "drei sind, die da zeugen: der Geist und das Wasser und das Blut". Aus diesen und vielen anderen Gründen wird Er "der Geist seines Sohnes" genannt, und Er ist es, der kommt, um in den Gläubigen zu wohnen. Ich möchte in euch dringen, sehr ernst und dankbar die wunderbare Herablassung zu betrachten, die sich hier zeigt. Gott selbst, der Heilige Geist, nimmt seine Wohnung in den Gläubigen. Ich weiß nie, was das Wundervollste ist, die Menschwerdung Christi oder die Einwohnung des Heiligen Geistes. Jesus weilte hier eine Zeit lang im menschlichen Fleisch, unbefleckt von der Sünde, "heilig, unschuldig und von den Sündern abgesondert"; aber der Heilige Geist wohnt beständig in den Herzen aller Gläubigen, obwohl sie noch unvollkommen und zum Bösen geneigt sind. Jahr für Jahr, Jahrhundert für Jahrhundert wohnt Er in den Heiligen und will damit fortfahren, bis alle Erwählten in der Herrlichkeit sind. Während wir den menschgewordenen Sohn anbeten, lasst uns auch den innewohnenden Geist anbeten, den der Vater gesandt hat.

Nun beachtet den Ort, wo Er seine Wohnung nimmt. - "Gott hat gesandt den Geist seines Sohnes in eure Herzen." Bemerkt, dass es nicht heißt, in eure Köpfe und euer Gehirn. Der Geist Gottes erleuchtet ohne Zweifel den Verstand und leitet das Urteil, aber dies ist weder der Anfang noch der wesentlichste Teil seines Werkes. Er kommt hauptsächlich zu den Neigungen, Er wohnt im Herzen, denn mit dem Herzen glaubt der Mensch so, dass er gerecht wird, und "Gott hat den Geist seines Sohnes in eure Herzen gesandt." Nun, das Herz ist der Mittelpunkt unseres Wesens, und deshalb nimmt der Heilige Geist diesen geeignetsten Platz ein. Er kommt in die Zentralfestung und Hauptzitadelle unserer Natur und nimmt das Ganze in Besitz. Das Herz ist der Mittelpunkt unseres Wesens; wir nennen es den Hauptsitz des Lebens, und deshalb geht der Heilige Geist in dasselbe ein und wohnt als der lebendige Gott in dem lebendigen Herzen und nimmt Besitz von dem Kern und dem Mark unseres Lebens. Es ist das Herz, von welchem und durch welches sich das Leben ergießt. Das Blut wird durch die Bewegung des Herzens bis an die äußersten Teile des Körpers gesandt, und wenn der Geist Gottes von den Neigungen des Herzens Besitz nimmt, so wirkt Er auf jede Kraft und Fähigkeit und jeden Teil unseres ganzen Wesens. "Aus dem Herzen geht das Leben" und von den durch den Heiligen Geist geheiligten Neigungen empfangen alle anderen Fähigkeiten und Kräfte Erneuerung, Erleuchtung, Heiligung, Stärkung und schließlich Vollkommenheit.

Dieser wundervolle Segen ist unser, "weil wir Söhne sind", und ist begleitet von erstaunlichen Resultaten. Die durch den innewohnenden Geist versiegelte Sohnschaft bringt uns Friede und Freude; sie führt in die Nähe Gottes und zur Gemeinschaft mit Ihm; sie erregt Vertrauen, Liebe und heftiges Verlangen und erzeugt in uns Ehrfurcht, Gehorsam und wirkliche Ähnlichkeit mit Gott. All dieses, und viel mehr noch, weil der Heilige Geist gekommen ist, in uns zu wohnen. O, unvergleichliches Geheimnis! Wäre es nicht geoffenbart, so wäre es uns nie in den Sinn gekommen, und da es nun geoffenbart ist, würden wir es nie glauben, wenn es nicht für die, die in Christus Jesus sind, eine Sache tatsächlicher Erfahrung geworden wäre. Es gibt viele Namenchristen, die nichts davon wissen; sie hören uns an und werden ganz irre, als wenn wir ihnen eine alberne Fabel erzählten, denn der fleischliche Sinn kennt nicht die göttlichen Dinge, sie sind geistlich und können nur geistlich wahrgenommen werden. Diejenigen, die nicht Söhne sind oder nur Söhne nach dem Gesetz der Natur wie Ismael, wissen nichts von dem innewohnenden Geist und erheben die Waffen gegen uns, weil wir es wagen, ein so großes Gut in Anspruch zu nehmen; dennoch ist es unser, und keiner kann es uns rauben.

Nun komme ich zu dem dritten Teil unseres Textes: *der kindliche Schrei.* Dies ist von großem Interesse. Ich denke, es wird nützlich sein, wenn wir näher darauf eingehen. Wo der Heilige Geist hineinkommt, da ist ein Schrei: "Gott hat gesandt den Geist seines Sohnes, der schreit: Abba, lieber Vater." Nun beachtet, es ist der Geist

Gottes, der schreit - eine sehr merkwürdige Tatsache. Manche sind geneigt, den Ausdruck als einen Hebraismus aufzufassen und zu lesen: "Er lässt uns schreien"; aber, Geliebte, der Text sagt das nicht, und wir haben nicht die Freiheit, ihn unter solchem Vorwand zu ändern. Der Apostel Paulus sagt im Römerbrief 8,15: "Ihr habt einen kindlichen Geist empfangen, durch welchen wir rufen: Abba, lieber Vater"; aber hier beschreibt er den Geist selbst als den, der schreit: "Abba, lieber Vater."

Wir sind gewiss: als er uns den Schrei: "Abba, lieber Vater" zuschrieb, wünschte er nicht, den Schrei des Geistes auszuschließen, da er in dem 26. Vers des berühmten 8. Kapitels an die Römer sagt: "Desgleichen hilft auch der Geist unserer Schwachheit auf. Denn wir wissen nicht, was wir beten sollen, wie sich's gebührt; sondern der Geist selbst vertritt uns aufs Beste mit unaussprechlichem Seufzen." So stellt er den Geist selbst dar als in dem Kind Gottes seufzend mit unaussprechlichem Seufzen, hatte also beim Schreiben an die Römer denselben Gedanken im Sinn, den er hier an die Galater ausdrückt, nämlich dass es der Geist selbst ist, der in uns schreit und seufzt: "Abba, lieber Vater." Wie ist dies? Sind wir es nicht selbst, die schreien? Ja, gewiss, und doch schreit der Geist auch. Die Ausdrücke sind beide richtig. Der Heilige Geist treibt zu dem Schrei und gibt ihn ein. Er legt den Schrei in das Herz und den Mund des Gläubigen. Es ist sein Schrei, weil Er ihn eingibt, ihn billigt und uns dahin leitet. Wir würden nie so geschrien haben, wenn Er uns nicht so gelehrt hätte. Wie eine Mutter ihr Kind sprechen lehrt, so legt Er diesen Schrei "Abba, lieber Vater" in unseren Mund; ja, Er ist es, der in unseren Herzen das Verlangen nach unserem Vater, Gott, erweckt und erhält. Er ist der Geist der Kindschaft und der Urheber des besonderen und bedeutsameren Schreies der Kindschaft.

Nicht nur treibt Er uns zum Schreien an, sondern wirkt in uns ein Gefühl der Bedürftigkeit, das uns zu schreien zwingt, und auch jenen Geist des Vertrauens, der uns kühn macht, eine solche Verwandtschaft mit dem großen Gott zu beanspruchen. Doch ist dies nicht alles, denn Er steht uns in geheimnisvoller Art bei, so dass wir imstande sind, richtig zu beten; Er bringt göttliche Energie in uns hinein, so dass wir "Abba, lieber Vater" schreien, in einer Weise, die vor Gott annehmbar ist. Es gibt Zeiten, wo wir gar nicht schreien können, und dann schreit Er in uns. Es gibt Stunden, wo Zweifel und Befürchtungen so reichlich sind und uns so mit ihren Qualen ersticken, dass wir nicht einmal einen Schrei erheben können, und dann vertritt uns der in uns wohnende Geist und spricht für uns und schreit in unserem Namen und vertritt uns aufs Beste. So steigt der Schrei "Abba, lieber Vater" in unserem Herzen auf, selbst wenn wir ein Gefühl haben, als wenn wir nicht beten könnten und nicht wagen, uns für Kinder zu halten. Dann darf jeder sagen: "Ich lebe, doch nicht ich, sondern der Geist lebt in mir." Zu anderen Zeiten dagegen stimmt unsere Seele dem Schrei des Geistes so bei, dass er auch der unsere wird, aber dann erkennen wir mehr als je das Werk des Geistes an und schreiben Ihm den Schrei zu: "Abba, lieber Vater."

Ich möchte, dass ihr etwas sehr Liebliches bei diesem Schrei beachtetet, nämlich, dass es buchstäblich der Schrei des Sohnes ist. Gott hat den Geist seines Sohnes in unsere Herzen gesandt, und dieser Geist schreit genau so, wie der Sohn es tat. Wenn ihr den 36. Vers im 14. Kapitel des Markusevangeliums aufschlagt, so werdet ihr da finden, was ihr bei keinem anderen Evangelisten findet (denn Markus ist immer der Mann für die treffendsten Punkte und denkwürdigen Worte), dass unser Herr in Gethsemane betete: "Abba, mein Vater, es ist Dir alles möglich, überhebe mich dieses Kelches; doch nicht, was ich will, sondern was Du willst." So, dass dieser Schrei in uns den Schrei unseres Herrn buchstäblich nachahmt: "Abba, mein Vater." Nun, ich darf wohl annehmen, dass ihr diese Worte zu anderen Zeiten ausführlich habt erklären hören, und wenn, dann wisst ihr, dass das erste Wort syrisch oder aramäisch ist; man kann im allgemeinen auch sagen, Abba ist das hebräische Wort für "Vater". Das zweite Wort ist griechisch, das Wort der Heiden "Pater", was auch Vater bedeutet. Man hat gesagt, dass diese zwei Worte gebraucht sind, um uns daran zu erinnern, dass Juden und Heiden eins vor Gott sind. Sie erinnern uns daran, aber dies kann nicht der Hauptgrund für ihren Gebrauch gewesen sein. Meint ihr, dass unser Herr, als Er in dem Seelenkampf in Gethsemane war, gesagt hätte: "Abba, Vater", weil Juden und Heiden eins sind? Warum sollte Er an diese Lehre gedacht und warum sie im Gebet vor seinem Vater erwähnt haben? Irgendein anderer Grund muss Ihm das eingegeben haben. Mir scheint, dass unser Herr "Abba" sagte, weil es seine Muttersprache war. Wenn ein Franzose, der Englisch gelernt hat, betet, mag er für gewöhnlich auf englisch beten, aber wenn er je in eine Todesangst gerät, so wird er auf französisch beten, wenn er überhaupt betet. Unsere Brüder in Wales sagen uns, dass keine Sprache der walliserischen gleichkommt - ich glaube, es ist so für sie; sie werden in ihren gewöhnlichen Geschäften englisch sprechen und sie können auf englisch beten, wenn alles gut mit ihnen steht; aber ich bin gewiss, wenn ein Walliser mit großer Inbrunst betet, so flieht er zu seinem Walliserischen, um vollen Ausdruck zu finden. Unser Herr gebraucht in seinem Todeskampf seine Muttersprache, und als einer vom Samen Abrahams Geborener ruft Er in seiner eigenen Zunge: "Abba." Ebenso, meine Brüder, werden wir durch den Geist der Kindschaft getrieben, unsere eigene Sprache zu gebrauchen, die Sprache des Herzens, und frei mit dem Herrn in unserer eigenen Zunge zu reden. Außerdem ist nach meinem Gefühl das Wort "Abba" von allen Worten in allen Sprachen das natürlichste Wort für Vater. Ich muss versuchen, es so auszusprechen, dass ihr die natürliche Kindlichkeit dieses Wortes seht: "Ab-ba", "Ab-ba." Ist es nicht gerade das, was eure Kinder sagen - ab, ab, ba, ba -, sobald sie zu sprechen versuchen? Es ist das eine Wort, das jedes Kind sagen würde, ob es ein hebräisches, griechisches, französisches oder englisches wäre. Deshalb ist Abba ein Wort, das der Einführung in alle Sprachen würdig ist. Es ist in Wahrheit eines Kindes Wort, und unser Herr fühlte ohne Zweifel in seinem Todeskampf eine Liebe für Kinderworte. Dr. Guthrie sagte, als er im Sterben lag: "Singt mir ein Lied", aber er fügte hinzu: "Singt mir ein Kinderlied." Wenn es mit einem Menschen zum Sterben geht, so will er wieder ein Kind sein und verlangt nach Kinderliedern und Kinderworten. Unser Herr gebraucht in seinem Todeskampf das Kindeswort "Abba", und es ist in dem Mund eines jeden von uns ebenso geziemend. Ich denke, dieses süße Wort "Abba" wurde gewählt, uns zu zeigen, dass wir sehr natürlich vor Gott sein sollen, nicht stelzenhaft und steif. Wir sollen sehr liebevoll sein und Ihm nahe kommen und nicht bloß sagen: "Pater", was ein kaltes, griechisches Wort ist, sondern "Abba", was ein warmes, natürliches, liebevolles Wort ist, passend für einen, der ein kleines Kind vor Gott ist und die Kühnheit hat, an seinem Busen zu liegen, in sein Angesicht zu blicken und mit heiliger Kühnheit zu sprechen. "Abba" ist kein eigentliches Wort, sondern das Lispeln eines Kindleins. O, wie nahe sind wir Gott, wenn wir solche Sprache gebrauchen können! Wie teuer ist Er uns und wie teuer sind wir Ihm, wenn wir Ihn so anreden können, wie der große Sohn selber: "Abba, mein Vater!"

Dies führt mich zu der Bemerkung, dass dieser Schrei in unseren Herzen außerordentlich nahe und vertraulich ist. An dem Klang desselben habe ich euch gezeigt, dass er kindlich ist, aber der Ton und die Art des Aussprechens ist ebenso. Beachtet, dass es ein Schrei ist. Wenn wir bei einem König Audienz erhalten, so schreien wir nicht, wir sprechen dann in abgemessenem Ton und wohlgesetzter Rede. Aber der Geist Gottes bricht unsere Etikette in Stücke und nimmt die Förmlichkeit hinweg, die manche so sehr bewundern. Er bringt uns dahin, zu schreien, was das grade Gegenteil von Formalität und Steifheit ist. Wenn wir schreien, so schreien wir "Abba". Selbst unsere Schreie sind voll von dem Geist der Kindschaft. Ein Schrei ist ein Ton, von dem wir nicht eben wünschen, dass jeder Vorübergehende ihn höre; doch welchem Kind macht es etwas aus, wenn sein Vater es schreien hört? Wenn unser Herz zerbrochen und bezwungen ist, haben wir nicht das Gefühl, als könnten wir schöne Worte gebrauchen, aber der Geist in uns bringt Schreie und Seufzer hervor, und derselben schämen wir uns nicht, und fürchten uns nicht, vor Gott zu schreien. Ich weiß, einige von euch meinen, Gott werde ihre Gebete nicht hören, weil sie nicht so beten können, wie der und der Prediger. O, aber der Geist seines Sohnes schreit, und ihr könnt nichts Besseres tun als auch zu schreien. Seid zufrieden damit, gebrochene Worte, die mit eurem Kummer gesalzen und mit euren Tränen benetzt sind, vor Gott zu bringen. Geht mit einer heiligen Vertraulichkeit zu Ihm, und seid nicht bange, in seiner Gegenwart "Abba, mein Vater" zu schreien.

Aber dann, wie ernst ist der Schrei, denn er ist etwas Kräftiges. Das Wort schließt Inbrunst ein. Ein Schrei ist keine leichtfertige Äußerung, keine bloße Sache der Lippen; er kommt aus der Seele.

Hat der Herr uns nicht gelehrt, im Gebet zu Ihm zu schreien mit heißem Ungestüm, das kein Nein annehmen will? Hat Er uns nicht so nah zu sich gebracht, dass wir zuweilen sagen: "Ich lasse Dich nicht, Du segnest mich denn." Hat Er uns nicht gelehrt, so zu beten, dass seine Jünger von uns fast sagen könnten, wie sie vor alters von einer Frau sagten: "Lass sie doch von Dir, denn sie schreit uns nach." Wir schreien nach Ihm, unser Herz und unser Fleisch schreit nach Gott, nach dem lebendigen Gott, und dies ist der Schrei: "Abba, lieber Vater, ich muss Dich kennen, ich muss Deine Liebe schmecken, ich muss unter Deinen Flügeln wohnen, ich muss Dein Angesicht schauen, ich muss fühlen, wie Dein großes Vaterherz überfließt und mein Herz mit Frieden füllt." Wir schreien: "Abba, Vater!"

Ich werde schließen, wenn ich noch bemerkt habe, dass das meiste dieser Art Schreiens im Herzen bleibt und nicht auf die Lippen kommt. Wie Mose schreien wir, ohne ein Wort zu sagen (2.Mose 14,15). Gott hat den Geist seines Sohnes in unsere Herzen gesandt, durch den wir schreien: "Abba, Vater." Ihr wisst, was ich meine: nicht nur in eurem kleinen Zimmer, an dem alten Armstuhl ist es, wo ihr zu Gott schreit, sondern ihr ruft "Abba, Vater", während ihr auf der Straße geht oder in der Werkstatt arbeitet. Der Geist seines Sohnes schreit "Abba, Vater", wenn ihr im Gedränge von Menschen seid, oder an eurem Tisch inmitten eurer Familie. Ich sehe, es wird als eine schwere Anklage gegen mich vorgebracht, dass ich spreche, als wenn ich mit Gott vertraulich wäre. Wenn es so ist, so will ich kühn sagen, dass ich nur so spreche, wie ich fühle. Gelobt sei der Name meines himmlischen Vaters, ich weiß, ich bin sein Kind, und mit wem sollte ein Kind vertraulich sein, wenn nicht mit seinem Vater? O ihr, denen der lebendige Gott fremd ist, wisst: Wenn dies schlecht ist, so will ich noch schlechter werden, sofern Er mir hilft, noch mehr in seiner Nähe zu wandeln. Wir fühlen eine tiefe Ehrfurcht vor unserem Vater im Himmel, die uns in den Staub beugt, aber dennoch können wir sagen: "Wahrlich, unsere Gemeinschaft ist mit dem Vater und mit seinem Sohn Jesus Christus" (1.Joh 1,3).

Kein Fremder kann verstehen, wie nahe die Seele des Gläubigen Gott in Jesus Christus ist, und weil die Welt es nicht verstehen kann, so findet sie es bequem, zu höhnen; aber was macht das aus? Abrahams Zärtlichkeit für Isaak machte den Ismael eifersüchtig und ließ ihn lachen, aber Isaak hatte keinen Grund, sich der Verspottung zu schämen, denn der Spötter konnte ihm nicht den Bundessegen rauben. Ja, Geliebte, der Geist Gottes lässt euch schreien: "Abba, Vater", aber der Schrei ist meistens in eurem Herzen, und da wird er so häufig ausgestoßen, dass es die Gewohnheit eurer Seele wird, zu eurem himmlischen Vater zu schreien. Der Text sagt nicht, dass er geschrien hat, sondern dass er jeden Tag schreit: "Abba, Vater." Geht heim, meine Brüder, und lebt in dem Geist der Sohnschaft. Wacht am Morgen auf und lasst euren ersten Gedanken sein: "Mein Vater, mein Vater, sei heute mit mir." Geht ins Geschäft, und wenn ihr in Verlegenheit kommt, lasst dies eure Zuflucht sein: "Mein Vater, hilf mir in dieser Stunde der Not." Wenn ihr heimkehrt und dort häusliche Sorgen findet, lasst euren Schrei immer noch sein: "Hilf mir, mein Vater." Wenn allein, so seid ihr nicht allein, denn der Vater ist bei euch; und mitten im Gedränge seid ihr nicht in Gefahr, denn Er selbst, der Vater, hat euch lieb. Was für ein teures Wort ist dies: "Er selbst, der Vater, hat euch lieb!" Geht hin und lebt als seine Kinder. Seht zu, dass ihr Ihn ehrt, denn wenn Er ein Vater ist, wo ist seine Ehre? Geht hin und gehorcht Ihm, denn das ist recht. Seid Nachfolger Gottes als liebe Kinder. Geht hin und lebt vor Ihm, denn ihr sollt bald bei Ihm leben. Geht hin und freut euch in Ihm. Geht hin und werft alle eure Sorge auf Ihn. Geht hin, und was immer die Menschen an euch sehen, mögen sie gezwungen sein, anzuerkennen, dass ihr die Kinder des Höchsten seid. "Selig sind die Friedfertigen, denn sie werden Gottes Kinder heißen." Mögt ihr solche fortan und auf ewig sein. Amen und Amen.

ORIENTIERUNG AN DER BIBEL

Peter Jeffery
● **Dem Glauben auf der Spur in 21 Tagen**
Was sollte ein Christ wissen?
Der Autor gibt Ihnen aus der
Bibel eine Antwort. Zum täg-
lichen Bibelstudium und für
Bibelkreise geeignet. (Wa)
Pb,. 96 S.
DM 11,95/sfr 11,95/öS 87,-

D. Martyn Lloyd-Jones
● **Einig in Wahrheit**
Eine ausführliche Analyse
biblischer Aussagen zum
Thema „christliche Einheit" -
die solide Grundlage zu
einer Charakterisierung der
Gemeinde, wie sie sein
sollte. (Wa)
Pb., 96 S.
DM 11,95/sfr 11,95/öS 87,-

EVANGELISTISCHE TITEL

John Blanchard
● **Brückenschlag**
Gottes einzigartiger Weg
zu ihm. Es gibt nur einen
Weg, die Sünde zu
überwinden ...
Wegweisungen eines Evan-
gelisten. (Wa)
Pb., 128 S.
DM 12,95/sfr 12,95/öS 94,-

C.H. Spurgeon
● **Das Evangelium nach Jesaja**
Spurgeon bringt Ihnen in acht lebendigen Predigten die Erlösungsgeschichte nahe, wie sie im Buch Jesaja angekündigt wird. (Wa)
Pb., 173 S.
DM 16,95/sfr 16,95/öS 124,-

Sinclair B. Ferguson
● **Der Philipperbrief**
... zur Freude bereit
Eine verständliche Auslegung, die Stück für Stück den Philipperbrief erklärt. Mit praktischer Anleitung für Ihre Kleingruppe! (Wa)
Pb., 144 S.
DM 18,95/sfr 18,95/öS 138,-

Gordon J. Keddie
● **„Ohne mich!"**
Ein Kommentar, der biblische Wahrheit hautnah ins Leben übersetzt. Gott akzeptiert nicht „OHNE MICH!", wie man am Beispiel des Jona sehen kann.
Pb., 184 S.
DM 21,90/sfr 21,90/öS 160,-

TAGESTHEMEN & ZEITGESCHEHEN

Frederic S. Leahy
● **Satan - besiegt und ausgestoßen**
Über die Existenz des Satans in unserer heutigen Welt gibt der Autor klare biblische Antworten, erklärt dämonische Besessenheit und zeigt den Weg der Heilung auf. Hilfreiches Nachschlagewerk beim Bibelstudium. (Wa)
Pb., 210 S.
DM 19,95/sfr 19,95/öS 145,-

Die
Verkündigung des
Evangeliums heute
Walter Chantry

Jesus im Gespräch
mit dem reichen Jüngling

Walter Chantry
● **Die Verkündidgung des Evangeliums heute**
Erfordert die heutige Zeit neue Methoden der Evangelisation? Eine gesunde Verkündigung muß sich am Beispiel Jesu mit dem reichen Jüngling orientieren.
Pb., 96 S.
DM 14,90/sfr 14,90/öS 108,-

NACHSCHLAGEWERKE & BIBELSTUDIUM

Dr. John Benton
● **„Ganz oder gar nicht!"**
Anhand des Buches Maleachi geht es in diesem Kommentar um die Ursachen geistlichen Stillstandes und gibt Imulse für einen Neuanfang damals wie heute.
Pb., 192 S.
DM 21,90/sfr 21,90/öS 160,-

D. Martyn Lloyd-Jones
● **Gott - der Vater Band 1**
Eine vierbändige Reihe der berühmten „Friday Night Meetings" in Westminster Chapel in London in einer klaren und verständlichen Verkündigung.
Broschiert, 16 x 23 cm, 176 S.
DM 19,90/sfr 19,90/öS 145,-

D. Martyn Lloyd-Jones
● **Gott - der Sohn Band 2**
Der zweite Band beinhaltet Vorträge über den Menschen und über die Person von Jesus Christus und sein Werk.
Broschiert, 16 x 23 cm, ca. 240 S.
DM 24,90/sfr 24,90/öS 177,-

Sinclair B. Ferguson
● **Das Kind, das ich bin!**
Wie werde ich ein Kind Gottes? Und was bedeutet es, mit Gott in einer Vater-Kind-Beziehung zu leben? Ein Buch, das aufrüttelt und verändert! (Wa)
Pb., 172 S.
DM 18,60/sfr 18,60/öS 136,-

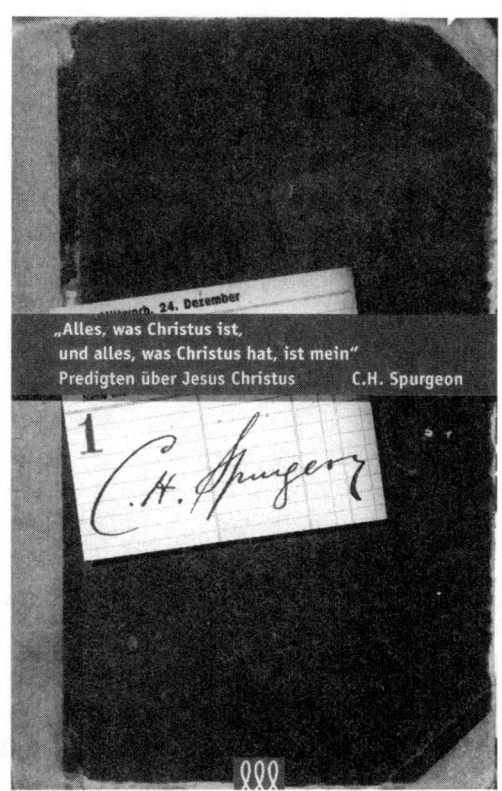

„Alles, was Christus ist,
und alles, was Christus hat, ist mein"
Predigten über Jesus Christus   C.H. Spurgeon

C. H. Spurgeon
● **Predigten über Jesus Christus**
In „Alles was Christus ist, und alles, was Christus
hat, ist mein" zeigt sich die Herrlichkeit und
Einzigartigkeit des Sohnes Gottes, dem unser
Glaube gehören soll.
Hardcover, 192 S., **DM 19,90**/sfr 19,90/öS 145,-

Bestellanschrift:

3L Verlag GmbH   Telefon 06031-692238
Pfingstweide 38   Telefax 06031-692237
                          e-mail verlag.3L@t-online.de
61169 Friedberg   http://www.3L-Verlag.de